幼稚園教諭・保育士養成課程

子どものための音楽表現技術

感性と
実践力豊かな
保育者へ

今泉明美
有村さやか
編著

望月たけ美
宮川萬寿美
東元りか
高地誠子
著

実践問題つき

萌文書林
Houbunshorin

はじめに

　子どもの日常の生活のなかには、鳥のさえずりや波の音などの自然の音、パトカーやヘリコプターなどの人工の音、赤ちゃんの泣き声などの人間が出す生活の音など、様々な音があります。子どもは、それらの音を「きれいだ！」や「かっこいい！」などと感じることでしょう。また、子どもが長靴をはいて水たまりで遊んでいるときに出てくる音を面白く感じ、その遊びの楽しさとともに「がぼがぼ」や「ちゃぷちゃっぷ」などと口ずさみ、歌を歌いだすこともあるでしょう。ときには、カエルやかたつむりなど、子どもが日ごろから見かける生き物の動きに興味をもち、イメージを広げて「ぴょんぴょん」や「のそのそ」「とことこ」などの言葉となり、それが身体表現となったり、雨の細かい音を感じて「しとしと」と口ずさみ、そこからマラカスでの楽器の表現となったりします。

　このように、五感を通して自然の美しさや生活のなかから受けた思いや感じたことを音楽的な表現で表し、それらを友だちや保育者と共有し、楽しさを味わうことが、保育現場の活動に求められています。

　これらの活動を実現するためには、保育者は自身の感性を磨き、表現力や創造性を培っていく必要があります。そのためには、音楽や保育の基本的知識や技術も必要になります。さらに、子どもや保育現場の音楽的表現活動について知り、そのことを踏まえて活動を進める実践力も必要になってきます。

　本書は、このような力をつけていただくことを目的に、幼稚園教諭・保育士養成課程で保育者を目指す方々のために作成したものです。具体的にいうと、内容を2つに分け、Part1「保育者に求められる感性・表現力・創造性」とPart2「保育現場の子どもの音楽的表現」の構成で進めています。そして、通信教育のテキストとしても学びを容易に進められるように、わかりやすい文章表現や多くの写真やイラストを用いることで、各内容のイメージができるだけ明確に伝わるよう心がけました。Part1からPart2へと学びを進めてください。

　また、本書は保育現場の保育者の方々にもぜひ読んでいただきたい内容となっています。Part2の実践編から始めていただき、ときおりPart1に戻っていただくような活用の仕方もよいでしょう。この本を保育現場での音楽的表現活動の一助にしていただければ嬉しいです。

　感性と実践力豊かな保育者になられますように願いを込めて。

2017年3月　編著者　今泉明美・有村さやか

学び方

以下のような特徴と構成により、通学課程や通信教育のテキストとしてなど、本書1冊をどのような形態で学んでも同じように力がつくことをねらいとしています。

特徴

- 本書は書き込みながら学習を進められるように構成されています。自分なりの解答や考えを書き込むことで、オリジナルのテキストを完成させ、保育現場でも活用できる手引きとしてください。
- 本文とChallenge問題の2本立てになっています。本文で基礎知識の理解をし、Challenge問題に取り組むことで、理解度の確認ができ、表現力や実践力が身につきます。本書1冊を活用することで、基礎力と実践力を培うことができます。Challenge問題には解答はつけていませんが、本文をていねいに読み解くことで容易に取り組める内容になっています。
- 音楽活動の指導計画や実践は、実際に保育現場や授業で展開しているもので、子どもや学生が興味深く活動している内容を取りあげています。
- 同じ楽曲を音楽基礎知識やピアノ、音楽遊び、音楽的表現活動のページで複数回取りあげています。これらは、その楽曲について音楽基礎知識や技術の理解をし表現したうえで、その曲を用いた音楽遊びや音楽的表現活動につなげることで無理なく実践に取り組んでもらいたいといった意図を含んでいます。たとえば、『どんぐりころころ』は、Part 1「楽譜のしくみ」では音楽の基礎知識として楽譜の見方を学び、Part 2「4、5歳児を対象としたリトミックを用いた音楽遊びの指導計画実例」ではこの曲を題材として音楽遊びを実践していくというしくみになっています。
- Word やPoint を活用していただくことで、本文の理解を促進できます。

構成

Part 1では保育者に必要な基本的な音楽知識や歌唱、ピアノ、ギター、打楽器などの技能を身につけながら、感性や表現力、創造性を育む内容となっています。Part 2では子どもの発達や保育現場の日常生活、クラス活動、歌唱や声を中心にした表現活動、楽器遊びを中心にした活動などの各活動を通して、保育現場の子どもの音楽的表現とはどのような内容かを学びます。さらに、音楽活動の指導計画実例を読み解き実践をすることで、保育現場の音楽遊びについての理解と実践力をつけていきます。

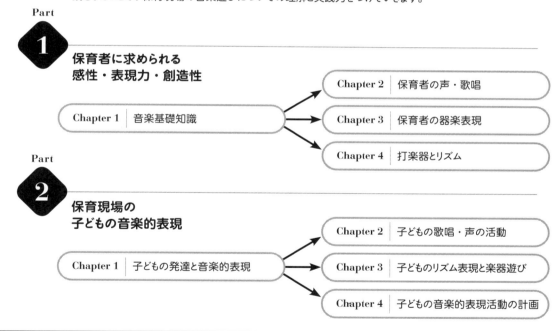

マーク

Word
本文に出てくる用語で重要なものを詳しく解説しています

Column
本文中の用語や内容でより深く知ると興味深い内容、いわゆる豆知識を示しています

Challenge
本文の内容の理解度を確認する、また実践力をつけるための課題です。ぜひ、たくさんトライしてみてください

Point
本文の理解を促進するためのアドバイスが示されています

もくじ

Part 1 保育者に求められる感性・表現力・創造性

Chapter 1 保育者に必要な音楽基礎知識

1. 音楽と音 ……… 2
- ① 音楽 ……… 2
- ② 音 ……… 2
- ③ 音の性質 ……… 3

2. 楽譜のしくみ ……… 3
- ① 五線 ……… 4
- ② 加線 ……… 4
- ③ オクターブ記号 ……… 4
- ④ 音部記号 ……… 5
- ⑤ 譜表 ……… 6
- ⑥ 実際の楽譜 ……… 8

3. 音名 ……… 9
- ① 幹音 ……… 9
- ② 音の高さを表すいい方 ……… 10
- ③ 変化記号 ……… 10
- ④ 派生音 ……… 11
- ⑤ 変化記号の効力 ……… 12

4. 小節 ……… 13
- ① 小節線の種類とその用法 ……… 13
- ② 小節と演奏順序 ……… 14

5. 楽曲の形式 ……… 16
- ① 基礎的な楽曲構成 ……… 16
- ② 歌曲形式 ……… 17
- ③ 応用形式 ……… 20

6. 音符と休符 ……… 23
- ① 音符の各部分の名称 ……… 23
- ② 符頭と符尾、付点、変化記号のつけ方 ……… 23
- ③ 音符と休符の種類 ……… 24
- ④ 単純音符の分割 ……… 25
- ⑤ 音符の連符 ……… 25

7. 拍子とリズム　27

1. 拍から拍子へ　27
2. リズム　28
3. 拍子記号　28
4. 強拍と弱拍　28
5. 単純拍子（2拍子、3拍子、4拍子）　29
6. 複合拍子（6拍子、9拍子、12拍子）　31
7. 特殊拍子（5拍子、7拍子）　31
8. 変拍子　31
9. 強起と弱起　31

8. 音程　33

1. 単音程と複音程　34
2. 順次進行と跳躍進行　34
3. 全音と半音　35
4. 視覚的に特徴のある音程　35
5. 音程と音響　36
6. 音程の種類　36
7. 幹音同士の音程の判別　37

9. 音階と調　41

1. 長音階　41
2. 短音階　44
3. 近親調　46
4. 楽譜上の長調と短調の見分け方　48
5. 5度圏　48
6. いろいろな音階　50

10. 和音とコードネーム　53

1. 三和音　53
2. 四和音　57
3. 和音の転回　60
4. 主要な長調の和音機能とコードの関係　62
5. 特殊な形態によるコード　62

11. 移調・移旋・転調　63

1. 移調　63
2. 移旋　64
3. 転調　66

12. 音楽に表情をつける演奏記号　67

1. 速度標語（速度記号）　67
2. 強弱記号　68
3. 発想記号（発想標語）　69
4. 奏法を表す記号　70

Chapter 2 子どもの歌唱のモデルとなる保育者の声・歌唱

1. 発声のしくみ ……76

2. 身体の解放と呼吸法 ……76

3. 発声法 ……78

4. 歌唱表現のための楽譜の読み方 ……78

- ❶ 拍子 ……78
- ❷ 調 ……79
- ❸ 楽曲形式 ……79
- ❹ メロディーライン ……80
- ❺ リズム ……80
- ❻ 強弱 ……80
- ❼ 速さ ……80
- ❽ 歌詞 ……80

5. 歌唱以外の声を用いた表現 ……81

6. 言葉から歌づくり ……83

Chapter 3 保育現場で求められる楽器で表現する力

1. ピアノの特徴 ……86

2. ピアノ奏法の基本 ……87

- ❶ 鍵盤と大譜表の相関図 ……88
- ❷ 座る位置とよい姿勢 ……88
- ❸ よい手の形 ……88
- ❹ 打鍵（タッチ）の方法 ……89
- ❺ 曲想の表現の仕方 ……91
- ❻ ペダルの効果と使い方 ……91
- ❼ 指番号の設定と運指 ……92

3. 保育現場におけるピアノの役割と表現　93

1. 歌唱の伴奏として　94
2. 想像を促し、子どもの表現を導く楽器表現として　95
3. 絵本や劇中の効果音として　96
4. 合奏の1パートや伴奏として　98
5. 活動の環境づくりとして　98
6. 行事での奏楽やBGMとして　98

4. コード伴奏法の実践　98

1. コードづけの基本　99
2. コードづけのまとめ　104

5. ギターでコード伴奏　107

1. ギターの持ち方　107
2. 弦の押さえ方と弾き方　108
3. 指番号　108
4. チューニング（調弦）　108
5. コード　109

Chapter 4　いろいろな楽器やリズムに親しむ

1. いろいろな楽器を知ろう　110

1. 体鳴楽器　110
2. 膜鳴楽器　111
3. 気鳴楽器　112
4. 電鳴楽器　112
5. 効果楽器　112

2. 子どもと楽しむ打楽器　〜楽器の特徴と奏法〜　113

1. タンブリン　113
2. カスタネット　115
3. 鈴　116
4. トライアングル　118
5. 音板打楽器　120

Part 2 保育現場の子どもの音楽的表現

Chapter 1 子どもの音楽的な表現
～子どもの発達・表現の発達～

- 1. 子どもと表現 ... 124
- 2. 子どもの遊びと表現 ... 125
- 3. 子どもの発達 ... 125
- 4. 子どもの音を聴く力の発達 ... 126
- 5. 子どもの音楽的表現の発達 ... 127
- 6. 声と歌唱表現の発達 ... 128
  - ❶ 歌うとは ... 128
  - ❷ 子どもの声域や言語、歌唱の発達 ... 129
- 7. 生活や遊びのなかでの子どもの音楽的表現 ... 130
- 8. クラスでの音楽的表現活動 ... 131
- 9. 保育における領域「表現」について ... 132
  - ❶ 「幼稚園教育要領」第1章総則について ... 132
  - ❷ 「幼稚園教育要領」領域「表現」について ... 132

Chapter 2 歌唱・声を中心とした表現活動

- 1. 子どもの歌と歴史 ... 136
  - ❶ わらべうた ... 136
  - ❷ 唱歌 ... 137
  - ❸ 童謡 ... 139

2. 子どもにとっての歌唱の意義とその支援　141

❶ ……………　身体を意識した活動　…………………………… 142
❷ ……………　初めての曲に取り組む歌唱活動　………………… 144
❸ ……………　視覚的教材による歌唱活動の導入　……………… 147
❹ ……………　歌い慣れた時期の歌唱活動　……………………… 148
❺ ……………　歌唱活動における環境　…………………………… 150
❻ ……………　子どもの歌唱の実態と保育者の支援　…………… 151

3. わらべうた　154

❶ ……………　わらべうたが必要とされる社会的背景　………… 154
❷ ……………　わらべうたの特徴と意義　………………………… 155
❸ ……………　わらべうたの音楽的特徴と意義　………………… 156
❹ ……………　わらべうたの歌唱と遊び方の支援　……………… 156

Chapter 3 楽器遊びを中心にした表現活動

1. 日常の音を聴く遊び　160

2. 楽器遊びのいろいろ　〜 ボディパーカッションと言葉のリズム 〜　161

3. 日常の楽器遊びからアンサンブルへ　164

4. 楽器の取り扱い方と奏法による様々な音色　168

5. 保育現場の音・音環境について　169

Chapter 4 子どもの音楽的表現活動

1. 音楽遊びの指導計画の概要　170

❶ ……………　指導計画におけるねらいの位置づけ　…………… 170
❷ ……………　子どもの実態を知る　……………………………… 170
❸ ……………　一斉活動の内容とその指導計画の作成方法　…… 171

2. 年齢ごとの音楽遊びの具体的指導計画作成方法と実践　172

❶ ……………　低年齢児を対象とした音楽遊びの指導計画実例　… 172
❷ ……………　4、5歳児を対象とした音楽遊びの指導計画実例　……… 174
❸ ……………　4、5歳児を対象としたリトミックを用いた
　　　　　　　　　音楽遊びの指導計画実例　……………………… 178

ix

保育者に求められる
感性・表現力・創造性

Chapter 1	保育者に必要な音楽基礎知識
Chapter 2	子どもの歌唱のモデルとなる保育者の声・歌唱
Chapter 3	保育現場で求められる楽器で表現する力
Chapter 4	いろいろな楽器やリズムに親しむ

Chapter 1

保育者に求められる感性・表現力・創造性

ここでは、子どもの音楽的表現活動において
適切な支援ができる保育者を目指すために必要な音楽基礎知識を学びます。
子どもの音楽的表現を受け止めるために、
ぜひ知っておきたい知識です。

保育者に必要な音楽基礎知識

1. 音楽と音

① 音楽

音楽は「時間の芸術」です。情景、物語、思い、感情、印象などを**音**で表現する「音の芸術」でもあります。

② 音

発音体が振動して空気を揺らし、その空気の中を伝わって**音波**となって耳の鼓膜を揺らしたとき、私たちの脳は音の存在を感じることができます。発音体が1秒間に何回振動するのかを表す単位は**ヘルツ**（Hertz、略して Hz）です。通常、ピアノのラの音（1点イ音）(p.10 参照)は、440Hz の高さを基準に調律されています。これは、1秒間に 440 回空気を波打たせている音ということです。

合奏などを行う際、各楽器の音の高さの基準を合わせないと、ピッチの合った美しい合奏にはなりません。オーケストラなどでは基準となる1点イ音を最初にオーボエが鳴らし、その音に対して各楽器がピッチを合わせた後で演奏を始めます。現在、大きなホールが増えたことから、1点イ音を、ピアニストでは 441〜443Hz、オーケストラでは 442〜446Hz とするなど、比較的高いピッチでの調律を好む演奏家もいるようです。

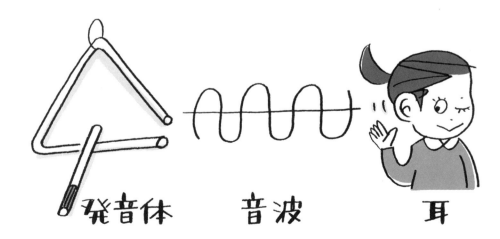

人間の可聴範囲

　人間の可聴範囲は年齢によって差があり、20〜20,000Hz程度といわれます。しかし、10代ではもうすでに20,000Hzを認識できなくなっているそうです。対して、人間以外の生き物の可聴範囲は広く、イルカやコウモリなどは200,000Hzの音まで聴くことができるといわれます。
　ところで、ピアノは最低音のラが27.5Hz、最高音のドは4,186Hzなので、最低音は人間の可聴範囲の下限に近く、最高音は可聴範囲に余裕があることがわかります。ただ、年齢によって可聴範囲が狭くなることを考えると、ピアノのもつ音域が人間の可聴範囲と考えることができます。
　人間の聴覚の限界より低い音を低周波音、高い音を超音波と呼んでいます。超音波は、水中では非常に遠くまで届くといわれています。

❸ 音の性質

　音には、以下のような4つの性質があります。

・音の高低……振動が多いと音は高くなり、少ないと低くなります。
・音の強弱……振動の幅が大きいと音は強くなり、小さいと弱くなります。
・音の長短……振動する時間によって音の長さが決まります。
・音の音色……振動の様子（波形）によって音色に違いが出ます。

音色（おんしょく）

　音色は「ねいろ」とも読みます。音の高さが同じでも振動するものが違ったり、振動の仕方が違ったりすることで、音に違いを感じることを「音色（ねいろ）の違い」という言葉で表現することがあります。音色のとらえ方には、ピアノやトランペットなどの楽器の違いによる音色と聴いた音の印象の違いによる音色の2つの側面があります。
　音色は、音の強さや音の高さのように楽譜に書き表すことができません。私たちは、「優しい」「明るい」などの形容詞や「きれいだ」「豊かだ」などの形容動詞、「澄んだ」などの動詞で音色をいい表していますが、その表現は多種多様です。

2. 楽譜のしくみ

　楽譜は、音や音楽を形に表したもので、音楽を伝え、後世に残すために1400年以上の時をかけて工夫され、改良されて、現在の**五線譜**の形になりました（p.7コラム参照）。この五線譜を使って、音の高低や強弱、長短などを示します。

1 五線

音の高さを表す平行線を**五線**といい、それぞれの線とその間は、下記の名称で呼ばれます。

図表 1-1-1　五線の各名称

第5線 →	← 第4間
第4線 →	← 第3間
第3線 →	← 第2間
第2線 →	← 第1間
第1線 →	

2 加線

五線より高い音域の音や低い音域の音を表すときは**加線**を使います。それぞれの加線は、下記の名称で呼ばれます。

図表 1-1-2　加線の各名称

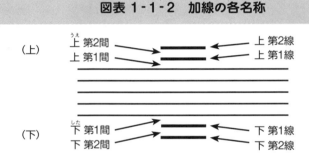

3 オクターブ記号（octave mark）

オクターブ（octave）とは、ハ音～1点ハ音（ド～ド）、ニ音～1点ニ音（レ～レ）のように8度を表している用語です。加線を使用する場合、上下とも使用本数に制限はありませんが、あまりにも多い加線は楽譜を見にくくします。**オクターブ記号**を用いると、記譜された音より1オクターブ高くしたり低くしたりできるため、楽譜が読みやすくなります。

1）1オクターブ高くするとき

五線の上側に *8va*、*8*、*8va alta* と書き、高くしたい範囲を点線で示します。読み方は、①②③いずれも「アロッターヴァ　アルタ（All'ottava alta）」です。

2）1オクターブ低くするとき

五線の下側に *8va*、*8*、*8va bassa* と書き、低くしたい範囲を点線で示します。読み方は、④⑤⑥いずれも「アロッターヴァ　バッサ（All'ottava bassa）」です。

4 音部記号

五線上の音の高さの基準を示すための記号を**音部記号**といい、**ト音記号**、**ヘ音記号**、**ハ音記号**の3種類があります。

1）音部記号の意味と書き方

それぞれの音部記号は、音符が何の音であるのかを示す重要な記号です。

図表 1-1-3 音部記号の意味と書き方

ト音記号
＝高音部記号
＝ヴァイオリン記号

第2線から出発して、美しい一筆書きで
Gの文字が模様化された記号。
第2線がトの音（ソの音）であることを示している

ヘ音記号
＝低音部記号
＝バス記号

第4線から出発し、全体ふっくらと
Fの文字が模様化された記号。
第4線がへの音（ファの音）であることを示している

ハ音記号
＝中音部記号
＝アルト記号

Cの文字が模様化された記号。
第3線がハの音（ドの音）であることを示している。
ハ音記号は全部で5種類あるが、現在は2種類（アルト記号、テノール記号）が主に使用されている

2）音部記号の使い分け

基本的な楽譜は、この3種類の音部記号を使えば書けるように考えられています。3種類のなかでもっとも使用頻度が高いのは、ト音記号、ついでヘ音記号です。

図表 1-1-4 音部記号の使い分け

ト音記号		フルート、ヴァイオリン、女性の声、鍵盤ハーモニカ、子どもの声、アルトリコーダー、ピアノの右手パート　ほか
ヘ音記号		チェロ、トロンボーン、ファゴット、ダブルベース(コントラバス)、男性の声、ピアノの左手パート　ほか
ハ音記号	アルト記号	ヴィオラ、女声のアルトパート　ほか
	テノール記号	ファゴット、チェロ、トロンボーン、男声のテノールパート　ほか

Challenge 1

ト音記号、ヘ音記号を正確に5つずつ書きましょう。

5 譜表

五線に音部記号が書かれたものを**譜表**といいます。譜表には、その用途に応じて様々な種類があります。

単旋律用

パート譜
パートだけを記すときに用いる

鍵盤楽器・ハープ用

大譜表
ト音記号とヘ音記号を括弧でつないだ楽譜で、音域の広いピアノやハープなどの楽譜に用いる

混声合唱用

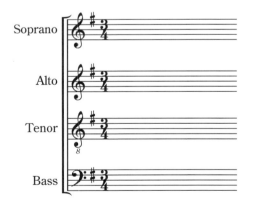

弦楽四重奏用

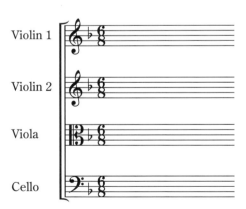

総譜＝スコア
全パートが書かれている大括弧でつないだ楽譜。合唱曲や管弦楽曲など、数多くの異なった種類の楽器を演奏する際、各パートの動きが一目瞭然になるように書かれている

リズム楽器用

> **リズム譜**
> リズム楽器を記譜する楽譜。音律が定かでないため、音部記号は用いずに一線譜に記譜する

Column ♪♪

楽譜の歴史

楽譜はどうやって今の形にいたったのでしょうか。紀元前2500年ごろの古代メソポタミア・エジプトの人々は、神に捧げる礼拝のなかで音楽を行っていました。当時の遺跡の墓からは、ハープ、笛、オーボエ、トランペット、太鼓、ガラガラの一種の打楽器などが出土しているというのですから、驚きです。その後、西暦4年に入り、ギリシアを経てローマに文明の中心が移ると、キリスト教音楽が盛んに歌われるようになりました。最初は単旋律で歌われていた聖歌も、いくつかの声部と一緒に歌われるようになり、多声音楽に発展していきます。みんなで複数の声部を歌うことになると、より美しく合唱したいと思うのは昔も今も同じで、中世の人々は発せられた瞬間から消えていく、つかみどころのない音や音声を記録する必要性に迫られていきました。

そこでまずは歌われた言葉を書き残し、文字や記号を用いて歌った旋律の音の高低や長短を書き残すことから始めていきました〈図1〉。10世紀ごろになると、音の高さをより明確にするために平行線が書き入れられるようになり、線は次第に増加して18本線にまでなったこともありました。11世紀、歌唱法の流布を目的とした歌詞の抑揚と長短と音程を示す符号が書かれた四線譜によるネウマ譜が誕生し、13世紀には4本線譜が一般的になります〈図2〉。グイード・ダレッツォ（Guido d'Arezzo, イタリア, 995～1050年ごろ）は、音程を正しく歌うソルミ法（現在のソルフェージュ教育）を考案し、自身の手のひらに四線譜と音名を書いて指導しました〈図3〉。14世紀に入り、四角い白音符や黒音符を用いた定量記譜法が生みだされます。16世紀に入り四角かった音符は丸音符に改良され、17世紀に入って五線譜が定着しました〈図4〉。

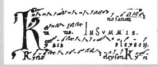

〈図1〉10世紀ごろのネウマ譜

〈図2〉四線上のネウマ

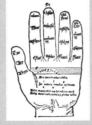

〈図3〉グイードの手
12世紀のドイツの写本から

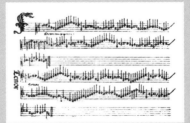

〈図4〉ペトルッチ出版の曲集『オデカント』（1501年）より
ジョスカン《フォルトゥーナ》の一部

〈図1、2〉供田武嘉津『最新 学生の音楽通論』音楽之友社, 1997, p.13

6 実際の楽譜

楽譜には、演奏するうえで助けになる様々な情報が、記号や言葉によって書かれていることがわかります。これは作曲者からのメッセージでもあります。

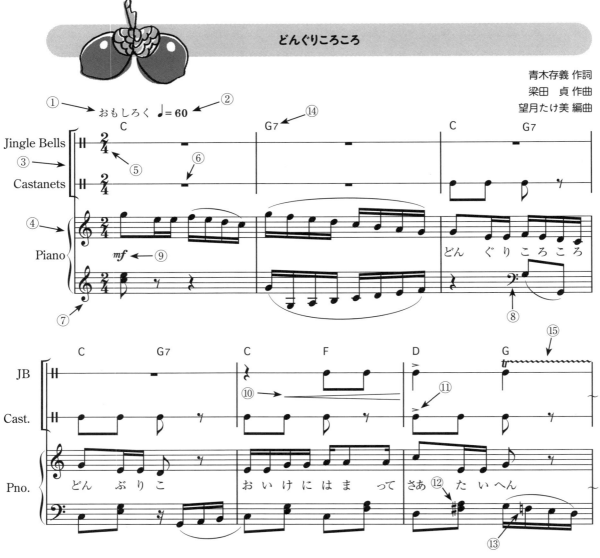

① 発想記号 ………… 音楽表現における音楽の曲想を示している（p.69 参照）。
② 速度記号 ………… 楽曲の速さを数字で示す記号。基本となる拍が１分間にいくつ入るかを示している（p.67 参照）。
③ 大括弧 …………… 大括弧を使って、同類の楽器をグループ化して示している（p.6 参照）。
④ 譜表 ……………… この楽譜の冒頭では、ト音記号とト音記号を結んでいる（p.6 参照）。
⑤ 拍子記号 ………… ２／４拍子（＝４分の２拍子）（p.28 参照）。
⑥ 休符 ……………… 全休符。１小節分まるまる休むことを示している（p.24 参照）。
⑦⑧ 音部記号 ……… ⑦の左手部分の開始時はト音譜表だが、⑧からヘ音譜表に変わっている（p.5 参照）。
⑨ 強弱記号 ………… 音楽表現における音楽の強さを示す記号。メゾ・フォルテ（やや強く）（p.68 参照）。
⑩ 強弱記号 ………… 音楽表現における音楽の強さの変化を示す記号。クレッシェンド（だんだん強く）（p.69 参照）。

⑪ 強弱記号 ………… 音楽表現における音の強さを示す記号。アクセント（その音をとくに強く）(p.69 参照)。
⑫ 変化記号 ………… 嬰記号（シャープ）。その音を半音高く演奏する（p.10 参照）。
⑬ 変化記号 ………… 本位記号（ナチュラル）。変化記号で変えた音をもとの音に戻す（p.10 参照）。
⑭ コードネーム …… 和音を略記した記号で、英語音名で示す（p.53 参照）。
⑮ 演奏法の表示 …… トリル・トレモロ奏（p.71 参照）。

3. 音名

音楽に用いられる五線上の音の高さには、世界各国で異なる固有の名前がつけられていて、これを**音名**といいます。

1 幹音

♯、♭、*、♮などの変化記号（p.10 参照）によって変化されていない音を「幹なる音」と書いて**幹音**といい、基本的にはピアノの白い鍵盤にあたります。

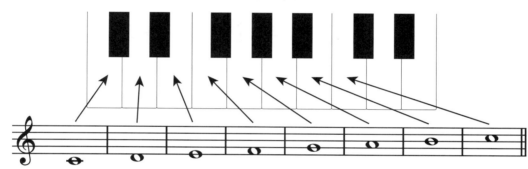

日本	ハ	ニ	ホ	ヘ	ト	イ	ロ	ハ
米・英	シー C	ディー D	イー E	エフ F	ジー G	エー A	ビー B	シー C
イタリア	ド Do	レ Re	ミ Mi	ファ Fa	ソ Sol	ラ La	シ Si	ド Do
ドイツ	ツェー C	デー D	エー E	エフ F	ゲー G	アー A	ハー H	ツェー C

Challenge 2

次の矢印の音名を、表内の国の音名で答えましょう。

『ぞうさん』（團伊玖磨 作曲）より

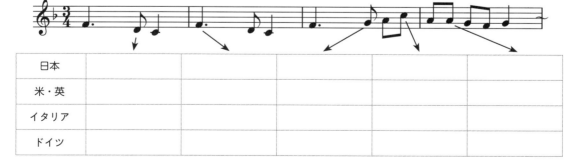

日本				
米・英				
イタリア				
ドイツ				

2 音の高さを表すいい方

1つひとつの音には、高さを表す名称があります。音の高さを明確に伝えたいときなどに便利ないい方です。下記はピアノの最低音から最高音までの幹音の個々の音を表す名称です。さらにその下がピアノの全音域を示した楽譜と鍵盤図で、ピアノがいかに広い音域をもつ楽器であるか一目瞭然です。鍵盤内はピアノの最低音から最高音までの幹音の個々の音名で、日本ではひらがなとカタカナの文字に点をつけて音の高さの違いを表しています。

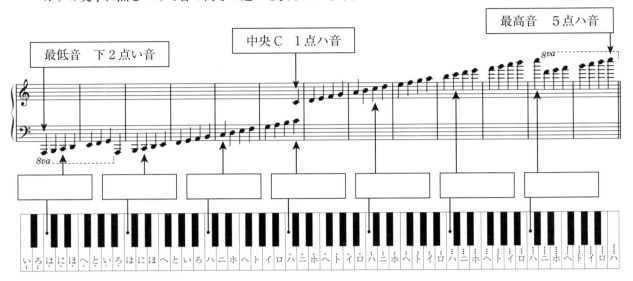

Challenge 3

上記の ☐ 内に音域を表すいい方を書き入れましょう。

3 変化記号

変化記号は、音符につけて臨時的に音の高さを変化させる**臨時記号**や、段頭の音部記号のあとに記してその曲の調を示す**調号**として用いられます。

1）臨時記号として用いられる変化記号

図表1-1-5のように全5種類あります。

図表1-1-5　臨時記号として用いられる変化記号の名称と意味

	♯	♭	♮	✕	♭♭
日本	嬰記号（えい）	変記号（へん）	本位記号（ほんい）	重嬰記号（じゅうえい）	重変記号（じゅうへん）
英・米	Sharp シャープ	Flat フラット	Natural ナチュラル	Double-sharp ダブルシャープ	Double-flat ダブルフラット
意味	幹音を半音高くする	幹音を半音低くする	変化記号を解除する	幹音を半音2つ分高くする	幹音を半音2つ分低くする

2）調号として用いられる変化記号

以下の2種類があります。

- ♯……嬰種記号（♯系の調号を示すときに使う）
- ♭……変種記号（♭系の調号を示すときに使う）

4 派生音

幹音に♯や♭などの変化記号がついて変化した音を**派生音**といいます。

1）♯音（嬰音）

幹音に♯がついて、半音高くなった派生音名をいいます。

日本	嬰ハ	嬰ニ	嬰ホ	嬰ヘ	嬰ト	嬰イ	嬰ロ	嬰ハ
米・英	C♯	D♯	E♯	F♯	G♯	A♯	B♯	C♯
イタリア	♯ド	♯レ	♯ミ	♯ファ	♯ソ	♯ラ	♯シ	♯ド
ドイツ	Cis	Dis	Eis	Fis	Gis	Ais	His	Cis

2）♭音（変音）

幹音に♭がついて、半音低くなった派生音名をいいます。

日本	変ハ	変ニ	変ホ	変ヘ	変ト	変イ	変ロ	変ハ
米・英	C♭	D♭	E♭	F♭	G♭	A♭	B♭	C♭
イタリア	♭ド	♭レ	♭ミ	♭ファ	♭ソ	♭ラ	♭シ	♭ド
ドイツ	Ces	Des	Es	Fes	Ges	As	B	Ces

3）𝄪音（重嬰音）

幹音に𝄪がついて、半音＋半音＝全音高くなった派生音名をいいます。

日本	重嬰ハ	重嬰ニ	重嬰ホ	重嬰ヘ	重嬰ト	重嬰イ	重嬰ロ	重嬰ハ
米・英	Cdouble♯	Ddouble♯	Edouble♯	Fdouble♯	Gdouble♯	Adouble♯	Bdouble♯	Cdouble♯
イタリア	𝄪ド	𝄪レ	𝄪ミ	𝄪ファ	𝄪ソ	𝄪ラ	𝄪シ	𝄪ド
ドイツ	Cisis	Disis	Eisis	Fisis	Gisis	Aisis	Hisis	Cisis

4) ♭♭音（重変音）

幹音に♭♭がついて、半音＋半音＝全音低くなった派生音をいいます。

日本	重変ハ	重変ニ	重変ホ	重変ヘ	重変ト	重変イ	重変ロ	重変ハ
米・英	Cdouble♭	Ddouble♭	Edouble♭	Fdouble♭	Gdouble♭	Adouble♭	Bdouble♭	Cdouble♭
イタリア	♭♭ド	♭♭レ	♭♭ミ	♭♭ファ	♭♭ソ	♭♭ラ	♭♭シ	♭♭ド
ドイツ	Ceses	Deses	Eses	Feses	Geses	Ases/Asas	Heses/BB	Ceses

5) 異名同音（enharmonic）

音名は違っても、実際は同じ高さの音で演奏する音を**異名同音**といいます。異名同音関係にある音は通常3つずつありますが、G♯とA♭は2つだけです。

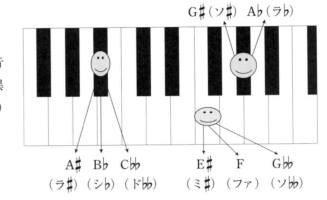

5 変化記号の効力

1) 臨時記号としての変化記号

① 小節線（p.13 参照）を越えてしまっても、タイ（tie）（p.71 参照）によって結ばれている場合には、結ばれた音に限って有効です。

② 臨時記号がついた音から先の同じ高さの音は、その小節内に限り、その臨時記号は有効です。

③ オクターブ区分が違ったり、小節線を越えてしまった場合は無効です。

④ 音部記号が違っても、同じ高さの同じ音なら有効です。

2) 調号としての変化記号

調号として使う場合は、曲中のすべての同じ音に有効です。たとえオクターブ区分が違ったり、音部記号が途中で変わったとしても、すべての同じ音に対して有効です。

❶ 次の楽譜中の①〜⑩の音の音名を日本語で答えましょう（例：嬰イ音）。

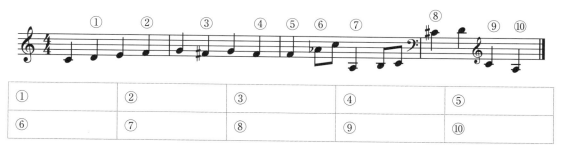

①	②	③	④	⑤
⑥	⑦	⑧	⑨	⑩

❷ 次の楽譜中の①〜⑩の音の音名を英語で答えましょう（例：A♯）。

①	②	③	④	⑤
⑥	⑦	⑧	⑨	⑩

❸ 次の①〜⑤の音の高さを、下記の鍵盤に矢印を使って番号で書き記しましょう。

①1点ト音
②ハ音
③2点嬰ニ音
④変い音
⑤1点嬰ホ音

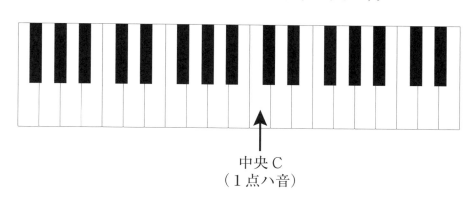

中央C
（1点ハ音）

4. 小節

1 小節線の種類とその用法

五線にある縦の線を**小節線**または**縦線**（じゅうせん）といい、小節線と小節線にはさまれた部分を**小節**といいます。小節線で区切ることで、拍子やリズム型を視覚的にも明確にしています。

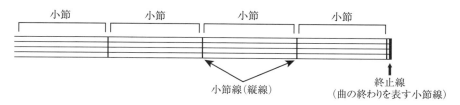

また、楽曲の途中で拍子、調性、速度が変わるときや楽曲途中で段落が変化するときは、**複縦線**で区切って注意を促します。

複縦線

2 小節と演奏順序

1）反復記号（repeat mark）

2つの反復するフレーズがあるときに用い、反復記号ではさまれた小節はもう一度繰り返して演奏します。曲頭に戻る場合は、𝄆を省略することができます。

フレーズ

音楽的要素の1つで、音楽的に区切りのよい、いくつかの小節を1つのかたまりとしたもの。

演奏順序＝**ABABCDCDE**　全部で9小節

2）括弧記号（volta mark）

反復するフレーズの終わりの部分だけが異なるときに用い、歌詞が何番もある楽曲は括弧記号を用います。日本では1番括弧、2番括弧と呼び、1番括弧の終わりに反復記号をおきます。

演奏順序＝**ABCABD**　全部で6小節

3）ダ・カーポ記号（Da Capo *D.C.*）とダル・セーニョ記号（Dal Segno *D.S.*）

ダ・カーポ記号は曲の冒頭に戻り、ダル・セーニョ記号は𝄋（Segno mark）に戻ります。どちらも、終止記号の*Fine*（fine）や𝄐（fermata）で終わります。

演奏順序＝**ABCDEAB**　全部で7小節

演奏順序＝**ABCDEBC**　全部で7小節

4）コーダ記号（coda mark ⊕ ⊕Coda）

D.C. や D.S. から指定の場所に戻って演奏した際、⊕ から ⊕Coda に飛びます。

演奏順序＝**ＡＢＣＤＡＢＥ**　全部で７小節

❶次の楽譜はどのように演奏するのか、演奏順序と全部で何小節になるのかを答えましょう。

①

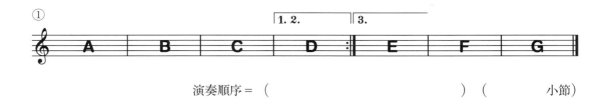

演奏順序＝（　　　　　　　　　　　　）（　　　　小節）

②

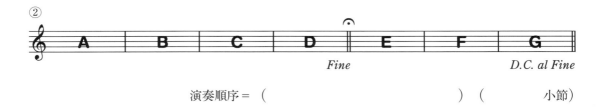

演奏順序＝（　　　　　　　　　　　　）（　　　　小節）

③

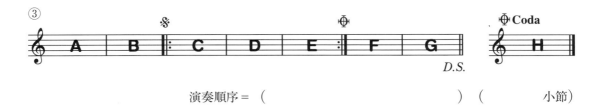

演奏順序＝（　　　　　　　　　　　　）（　　　　小節）

※原則として D.C. や 𝄋 で繰り返したときは、リピートせずに演奏する。

❷ 現在、あなたが演奏している楽曲や練習している楽曲の楽譜を見て、最初から最後まで通奏した場合の小節数を答えましょう。

（曲名：　　　　　　　　　　　　　　　　）（　　　　小節）

保育者に求められる感性・表現力・創造性

Column 小節線の登場

　もし小節線がなかったとしたら、今、自分がどこを演奏しているのか、ほかのパートときちんと合っているのか、不安で演奏しづらくなると思いませんか。小節線があり、さらに小節番号がふってあったら、どんなに長い曲でも途中から演奏することも可能です。

　p.7のコラム「楽譜の歴史」の〈図2〉には、小節線らしき仕切りが書き込んであるようですが、〈図4〉には小節線が見あたりません。小節線は17世紀に登場しました。器楽の発達にともない、歌詞のない楽曲を演奏するにあたり、やはり当時の人々にも必要不可欠な仕切りとして小節線が必要になっていったことが推察できます。

　音楽の流れを進行時間の単位で区切っていく小節線の登場は、記譜上において実に大きなことだったといえるでしょう。

5. 楽曲の形式

　楽曲は、ただ適当に作曲されているのではなく、歌詞や音楽の流れに見合った構造によって考えられてつくられています。この構造を「○○形式」と呼び表しています。

　楽曲の形式を理解すると、音楽の全体の流れや特徴をとらえやすくなり、楽曲の流れを覚えて暗譜をするときや、楽曲の流れの変化をもとに音楽的表現活動を展開するときにも大いに役立ちます。

❶ 基礎的な楽曲構成

1）動機（Motiv）

　音楽やメロディーのなかのもっとも小さな音楽的単位を**動機**といいます。動機はたいてい2小節くらいでできていて、楽曲を構成する重要な音型になっています。冒頭の2小節を第1動機（M1）といい、名曲や耳に残りやすい音楽の場合、この第1動機が素敵で魅力的な特徴をもったものであることが多いのです。自分の好きな楽曲の冒頭の2小節部分を思いだしてみましょう。例として、『ぞうさん』（まど・みちお 作詞、團伊玖磨 作曲）の動機部分を取りだしてみます。

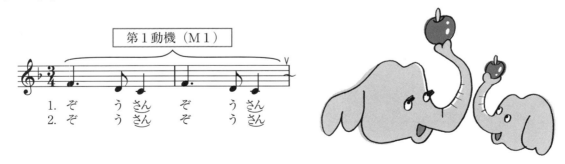

　『ぞうさん』の動機部分は2小節です。1小節めと2小節めはメロディーもリズムも歌詞もまったく同じ小節を2回反復しています。この2小節部分の動機を聴いただけで、私たちは『ぞうさん』の楽曲であるとすぐに反応できるのは、この特徴的な動機が印象的で覚えやすいからです。

2）小楽節

2つの動機を組み合わせた4小節程度を**小楽節**といい、『ぞうさん』では次の4小節部分です。

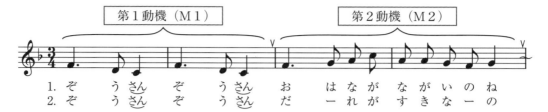

3）大楽節

2つの小楽節を組み合わせた8小節程度を**大楽節**といいます。『ぞうさん』では次の8小節部分です。『ぞうさん』は全部で8小節の曲で、1つの大楽節で作曲されていることがわかります。

2 歌曲形式

楽曲の形式は大楽節を最小の単位としていて、大楽節の数がいくつ入っているかによって、以下の3つに分けられています。これらは歌曲や民謡、子どもの歌で多く使用される形式であり、**歌曲形式**と呼ばれています。

1）一部形式

大楽節（8小節）で1つのまとまりと感じる楽曲で、終わり＝ 終止 を感じる部分が、原則、曲中に1か所だけある楽曲を**一部形式**といいます。『ぞうさん』は1つの大楽節でつくられていて、 終止 を感じる部分は最後の1か所だけなので、一部形式で作曲された楽曲ということになります。

ただし、楽曲によっては8小節以上になっても 終止 を感じる部分が1か所であるため、8小節以上であっても一部形式と考える楽曲もあります。8小節以上の一部形式の楽曲例として、『とんぼのめがね』（額賀誠志 作詞、平井康三郎 作曲）を見てみましょう。

　この楽曲の場合は全部で12小節ありますが、終止を感じるのは最後の1か所のみで、12小節で1つのまとまりと感じるため、8小節以上であっても一部形式になります。

2）二部形式

　1つの大楽節で構成されている形式で、楽曲中に2つのまとまりがある楽曲を**二部形式**といいます。そのため、終わり＝終止を感じる部分が、原則、曲中に2か所あります。『松ぼっくり』（広田孝夫 作詞、小林つや江 作曲）を見てみましょう。

　この楽曲は全部で16小節ありますが、終止を感じる部分が8小節めと16小節めの終わりにあるため、楽曲中に2つのまとまりがあるように感じられます。2つの大楽節が組み合わされた構成になっている『松ぼっくり』は、二部形式で作曲されていることがわかります。

　また、楽曲中で一旦終止を感じる部分がなくても、2つのまとまりをもっているために二部形式である楽曲もあります。参考曲：『北風小僧の寒太郎』『サンタクロースがやってくる』など。

譜例内★印部分は、その楽曲の調の主音であるため、終止感を強く感じます。以下の『手のひらを太陽に』『七つの子』も同様です（p.42 図表 1-1-25 参照。詳細は p.48 参照）。

3）三部形式

３つの大楽節で構成される形式で、楽曲中に３つのまとまりがあると感じられる楽曲を**三部形式**といいます。三部形式のように大楽節を３つも含む構成になると、終止を感じる部分が３つある場合もあれば、終止をとくに感じなくても３つの要素に分類できる３つの大楽節が組み合わされていたり、３つめの大楽節が１つめの大楽節の再現部分であったりと様々な構成で作曲されています。『手のひらを太陽に』（やなせたかし 作詞、いずみたく 作曲）の楽曲を見てみましょう。

楽曲中で終止を感じる部分は2か所ですが、大楽節ごとに1つのまとまりを感じさせます。『手のひらを太陽に』は、違う要素をもった3つの大楽節A−B−Cが組み合わさった三部形式で作曲されていることがわかります。

つぎは『七つの子』（野口雨情 作詞、本居長世 作曲）の楽曲を見てみましょう。

この楽曲は、D.C.によって反復するため、実際は大楽節が3つあり、大楽節A−B−Aの順で演奏されます。このようにD.C.の記譜法による三部形式をダ・カーポ形式といいます。

子どもの歌の多くが歌曲形式で書かれているのは、歌いやすい適度な長さであるからでしょう。楽曲構成を知ると、子どもが覚えやすく楽しく歌うための様々な工夫がなされていることがわかります。

以下の楽曲の形式を答えましょう。
❶『ことりのうた』（与田準一 作詞、芥川也寸志 作曲）　　　　　　（　　　　　形式）
❷『アイ・アイ』（相田裕美 作詞、宇野誠一郎 作曲）　　　　　　　（　　　　　形式）
❸『ドキドキドン！一年生』（伊藤アキラ 作詞、櫻井　順 作曲）　　（　　　　　形式）

❸ 応用形式

あらゆる楽曲の形式の基本となるのは歌曲形式で、歌曲形式を基盤とした様々な形式を**応用形式**といいます。

1）複合二部形式

複合二部形式は、二部形式の各部分を大きく発展させて、各部分自体が二部形式や三部形式からなる形式です。楽曲例：『ともだちになるために』『世界に一つだけの花』ほか。

図表1-1-6　複合二部形式のしくみ

2）複合三部形式

複合三部形式は、三部形式の各部分を大きく発展させて、各部分自体が二部形式や三部形式からなる形式です。楽曲例：『ひょっこりひょうたん島』『ドレミの歌』ほか。

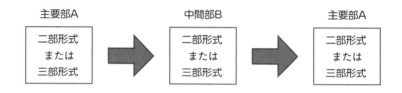

図表1-1-7　複合三部形式のしくみ

3）ロンド形式（Rondo）

ロンドとは「輪舞曲」の意味で、輪になって大勢で踊る部分と1人で踊る部分が繰り返される舞曲に由来しています。主題A部分と挿入される部分B、C……が循環する形式です。ロンド形式は、繰り返される主題A部分の反復回数によって2種類に分けられます。楽曲例：『トルコ行進曲』（モーツァルト 作曲）、『エリーゼのために』（ベートーヴェン 作曲）ほか。

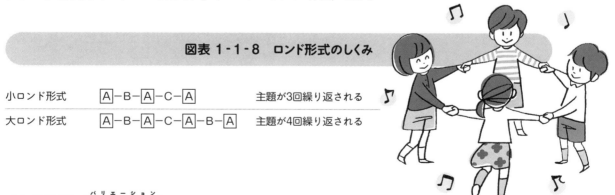

図表1-1-8　ロンド形式のしくみ

4）変奏曲（Variation）

変奏曲は、主題（Thema）を次々に変化させていく形式です。変化（変奏）させていく代表的な方法には、旋律の装飾、和音（コード）の変化、調の変化、拍子の変化などがあります。楽曲例：『きらきら星変奏曲』（モーツァルト 作曲）ほか。

図表 1-1-9 変奏曲のしくみ

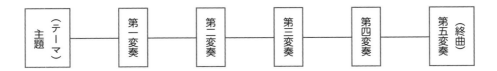

5) ソナタ形式

2つの主題をもつ大きな規模の三部形式のような楽曲を**ソナタ形式**といいます。ソナチネはソナタ形式が小規模になった形式です。楽曲例：『ソナチネ Op.36-1 第1楽章』（M. クレメンティ 作曲）、交響曲第5番『運命』（ベートーヴェン 作曲）ほか。

図表 1-1-10 ソナタ形式のしくみ

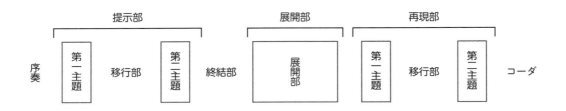

6) 舞曲

中世のヨーロッパ各地にあった踊りのための音楽を**舞曲**といいます。

図表 1-1-11 舞曲の種類と特性

舞曲名	拍子	特性
メヌエット（Menuet）	4分の3拍子	フランスで発祥。3拍子2回を1パターンとするステップを踏む舞踊曲。優雅な曲想をもつ
ワルツ（Waltz）	4分の3拍子	ドイツで発祥。円舞曲。男女のペアが円を描いて踊る
マーチ（March）	2拍子	行進曲。行進の力強いリズムで堂々とした曲想をもつ。入場・退場時などに用いられる
ポルカ（Polka）	4分の2拍子	チェコで発祥、ヨーロッパで大流行。陽気で速い
タンゴ（Tango）	2拍子	アルゼンチンで発祥。情熱と感傷を訴える曲想
サンバ（Samba）	2拍子	ブラジルの集団舞踊。シンコペーションリズム
ボレロ（Bolero）	3拍子	スペインで発祥。生き生きとした特徴的なリズム

7) カノン（Canon）

同じ旋律をほかのパートがまねをして追いかけて歌う歌唱を**輪唱**といいます。**カノン**とは「規則」という意味で、規則に従って旋律を模倣しながら進んでいく輪唱を発展させた形式です。楽曲例：『かえるの合唱』『静かな湖畔』『いちねんじゅうのうた』『ARE YOU SLEEPING?』ほか。

6. 音符と休符

❶ 音符の各部分の名称

音符の各部分は、以下のように呼ばれています。

図表 1-1-12　音符のしくみ

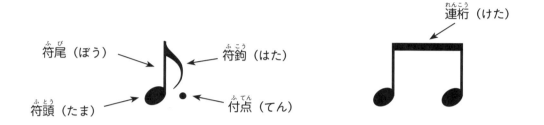

❷ 符頭と符尾、付点、変化記号のつけ方

1）符頭と符尾

符頭が第3線より下にあるときは符尾は上に、第3線上や第3線より上にあるときは符尾は下につけます。ただし、前後の音符の状況により向きが変化する場合もあります。

『さんぽ』（久石 譲 作曲）より

2）付点

付点はいつも符頭の右側につきます。

3）変化記号

変化記号はいつも符頭の左側につきます。

3 音符と休符の種類

1）単純音符と単純休符

付点がついていない基本となる音符や休符を**単純音符**や**単純休符**といいます。下記の表は、4分音符＝♩を1としたときの長さの相対的比率です。

図表 1-1-13　単純音符と単純休符の音の長さ

音符	音符の名称	長さ	1	2	3	4	長さ	休符の名称	休符
o	全音符	♩×4					𝄽×4	全休符	▬
♩	2分音符	♩×2					𝄽×2	2分休符	▬
♩	4分音符	♩×1					𝄽×1	4分休符	𝄽
♪	8分音符	0.5 ($\frac{1}{2}$)					0.5 ($\frac{1}{2}$)	8分休符	𝄾
♬	16分音符	0.25 ($\frac{1}{4}$)					0.25 ($\frac{1}{4}$)	16分休符	𝄿
♬	32分音符	0.125 ($\frac{1}{8}$)					0.125 ($\frac{1}{8}$)	32分休符	𝅀
♬	64分音符	0.0625 ($\frac{1}{16}$)					0.0625 ($\frac{1}{16}$)	64分休符	𝅁

＊音符をつづけて書く方がリズム音型がわかりやすい場合には、連桁を使います。

 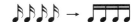 

2）付点音符と付点休符

単純音符に付点が1つついた音符や休符を**付点音符**や**付点休符**といい、付点はつけた母体となる音符や休符の半分の長さを表します。

図表 1-1-14　付点音符と付点休符の音の長さ

付点音符 形態	名称	長さ	付点休符 形態	名称	長さ
o.	付点全音符	o＋♩	▬.	付点全休符	▬＋▬
♩.	付点2分音符	♩＋♩	▬.	付点2分休符	▬＋𝄽
♩.	付点4分音符	♩＋♪	𝄽.	付点4分休符	𝄽＋𝄾
♪.	付点8分音符	♪＋♬	𝄾.	付点8分休符	𝄾＋𝄿
♬.	付点16分音符	♬＋♬	𝄿.	付点16分休符	𝄿＋𝅀
♬.	付点32分音符	♬＋♬	𝅀.	付点32分休符	𝅀＋𝅁
♬.	付点64分音符	♬＋♬	𝅁.	付点64分休符	𝅁＋𝅁

3）複付点音符と複付点休符

付点音符にさらに付点がついた音符や休符、つまり付点が２つついた音符や休符を**複付点音符**や**複付点休符**といい、２つめの付点は１つめの付点の半分の長さを表します。

図表 1-1-15　複付点音符と複付点休符の音の長さ

	複付点音符			複付点休符	
形態	名称	長さ	形態	名称	長さ
𝅝..	複付点全音符	𝅝 ＋ ♩ ＋ ♩	▬..	複付点全休符	▬ ＋ ━ ＋ 𝄼
♩..	複付点２分音符	♩ ＋ ♩ ＋ ♪	━..	複付点２分休符	━ ＋ 𝄼 ＋ 𝄾
♩..	複付点４分音符	♩ ＋ ♪ ＋ ♪	𝄽..	複付点４分休符	𝄽 ＋ 𝄾 ＋ 𝄿
♪..	複付点８分音符	♪ ＋ ♪ ＋ ♪	𝄾..	複付点８分休符	𝄾 ＋ 𝄿 ＋ 𝅁
♪..	複付点16分音符	♪ ＋ ♪ ＋ ♪	𝄿..	複付点16分休符	𝄿 ＋ 𝅁 ＋ 𝅂
♪..	複付点32分音符	♪ ＋ ♪ ＋ ♪	𝅁..	複付点32分休符	𝅁 ＋ 𝅂 ＋ 𝅂
♪..	複付点64分音符	♪ ＋ ♪ ＋	𝅂..	複付点64分休符	𝅂 ＋ 𝅂 ＋ 𝅂

④ 単純音符の分割

単純音符を２等分、４等分、８等分に分割した音符は、以下の通りです。

図表 1-1-16　単純音符の分割

	全音符	２分音符	４分音符
	𝅝	♩	♩
２分割	♩　　♩	♩　♩	♫
４分割	♩ ♩ ♩ ♩	♫　♫	♬　♬
８分割	♫ ♫ ♫ ♫	♬ ♬ ♬ ♬	𝅘𝅥𝅲 𝅘𝅥𝅲 𝅘𝅥𝅲 𝅘𝅥𝅲

⑤ 音符の連符

1）単純音符の連符

単純音符を３等分、５等分、６等分、７等分した連符は、以下の通りです。

25

図表 1-1-17　単純音符

	全音符	2分音符	4分音符
	𝅝	𝅗𝅥	♩
3分割	(3連符)	(3連符)	(3連符)
5分割	(5連符)	(5連符)	(5連符)
6分割	(6連符)	(6連符)	(6連符)
7分割	(7連符)	(7連符)	(7連符)

2）付点音符の連符

付点音符を2等分、4等分した連符は、以下の通りです。

図表 1-1-18　付点音符の連符

	付点全音符	付点2分音符	付点4分音符
	𝅝.	𝅗𝅥.	♩.
2分割	(2連符)	(2連符)	(2連符)
4分割	(4連符)	(4連符)	(4連符)

Challenge 7

❶ 次の音符や休符の名称を（　　　）内に書き入れましょう。また、♩を1拍としたときのそれぞれの音符や休符の長さを〈　　　〉内に書き入れましょう。

♩　（　　　　　）〈　　拍〉　　　♩.　（　　　　　）〈　　拍〉

𝅗𝅥.　（　　　　　）〈　　拍〉　　　𝄾　（　　　　　）〈　　拍〉

𝅝　（　　　　　）〈　　拍〉　　　𝄽　（　　　　　）〈　　拍〉

𝄼.　（　　　　　）〈　　拍〉　　　𝄿　（　　　　　）〈　　拍〉

♪（　　　　）〈　　拍〉　　　𝅗𝅥（　　　　）〈　　拍〉

𝄽（　　　　）〈　　拍〉　　　♬（　　　　）〈　　拍〉

❷（　　　　）内に音符や休符を書き入れ、次の式を完成させましょう。

𝅗𝅥 = ♩ + (　　　)　　　　𝄻 = 𝄼 + (　　　) + 𝄾 + 𝄾

𝅝 = (　　　) + 𝅗𝅥　　　　𝄻 = 𝄻 + (　　　)

♩ = ♪ + (　　　)　　　　♪ = (　　　) + ♬

𝄾 = 𝄿 + (　　　)　　　　♩. = ♩ + (　　　)

𝅗𝅥. = 𝅗𝅥 + (　　　)　　　　𝅗𝅥.. = 𝅗𝅥 + ♩ + (　　　)

❸ 下記の楽譜は『春が来た』（高野辰之 作詞、岡野貞一 作曲）の一部分です。空白の五線部分に音符や休符を書き入れ、楽譜を完成させましょう。また、①②③の部分の名称を（　　　）内に書き入れ、楽曲形式も答えましょう。

①（　　　　　）　　②（　　　　　）　　③（　　　　　）

（　　　　形式）

---

7. 拍子とリズム

１ 拍（beat）から拍子（time）へ

　一定の規則によって繰り返される**拍**をビートといい、ビートは「打つ」という意味をもった言葉です。拍には強いものと弱いものがあり、規則正しい強弱の繰り返しによって様々な組み合わせが生じます。この強弱の組み合わせが、2拍子、3拍子、4拍子、6拍子などの**拍子**をつくりだします。

拍子によって区切られたまとまりの1つが小節（p.13参照）です。小節線によって小節を区切ることで、拍子やリズム型を視覚的にとらえやすくします。

1小節内の音符と休符の長さの合計は、1小節に入るべき拍数の合計と合致しなければなりません。合致しない場合、拍オーバーや拍たらずが起こってしまい、拍子が崩れてしまいます。

❷ リズム（rhythm）

リズムは、音楽以外のあらゆる事象においても見られます。音楽においては、一定の拍の刻みのなかで音の強弱、長短、高低、音質、有無などによって生じる動きをリズムととらえています。リズムは、音楽に秩序と特徴を与える重要な要素を担っています。

❸ 拍子記号（time signature）

拍子記号は分数の形で、以下のように書きます。

図表 1-1-19　拍子記号のしくみ

$\dfrac{4}{4}$

……分子の数字は1小節内の拍数を表す。
　　この場合は4拍子

……分母の数字は1拍の単位になる音符の種類を表す。
　　この場合は4分音符

❹ 強拍（down beat）と弱拍（up beat）

拍は、拍子のなかで**強拍**および**中強拍**、**弱拍**の3種類に区別されます。

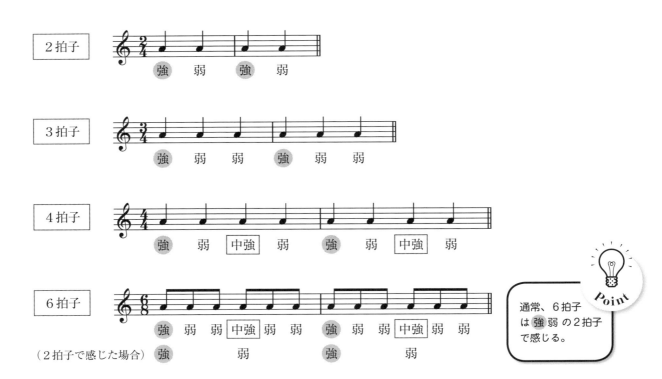

通常、6拍子は強弱の2拍子で感じる。

Challenge 8

❶ 2拍子〜6拍子 の拍子を、強拍と弱拍を意識して手拍子で表現してみましょう。
❷ 次のように、腕を使って指揮をしてみましょう。

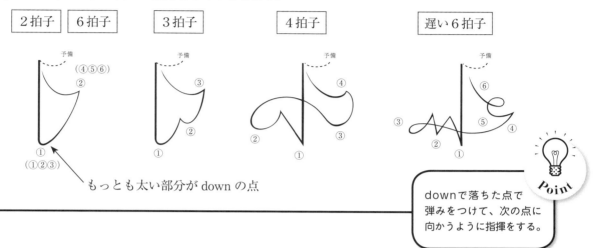

もっとも太い部分が down の点

Point
downで落ちた点で弾みをつけて、次の点に向かうように指揮をする。

Column

強拍＝down beat、弱拍＝up beat といわれるのはなぜ？

2拍子で指揮をしてみてください。最初の1拍めは腕を振り下ろし、2拍めは腕を振り上げることになります。強拍の本来の意味は「振り下ろす（down）」、弱拍は「振り上げる（up）」で、強い弱いというより、どんなふうに拍の重心が動くかということです。

拍にかかる重心によって強弱が決まってくるので、実際の楽曲のなかにおいては1拍め（強拍）であっても弱い重心をもつ場合もあれば、2拍め（弱拍）であってもエネルギーをもった重心を感じることもあります。

❺ 単純拍子（2拍子、3拍子、4拍子）

1）2拍子

強、弱｜強、弱と、2拍ずつを感じて数える拍子で、人間の歩行の動作とも関係の深い基本的な拍子です。単純ですが歯切れよく、マーチ（行進曲）にも使用されます。

『MICKEY MOUSE MARCH』（ジミー・ドッド 作曲）より

2拍子には、ほかに2分の2拍子があり、拍子記号は $\frac{2}{2}$ または ¢（alla breve）とも書きます。

2) 3拍子

|1|強、弱、弱|1|強、弱、弱と3拍ずつ感じる拍子なので、ゆったりしたテンポでは優雅な曲想になり、速いテンポでは円滑でリズミカルな曲想にもなります。子どもの歌などでもっとも多く使われるのは4分の3拍子ですが、2分の3拍子や8分の3拍子も使用されます。メヌエットやワルツなど、多くの舞曲が3拍子で作曲されています。

『山のワルツ』（香山美子 作詞、湯山 昭 作曲）より

3) 4拍子

|1|強、弱、|3|中強拍|、弱の繰り返しによるバランスのよい拍子です。中強拍の存在によって絶妙なニュアンスが生まれるため、2拍子に比べるとより芸術性の高い音楽を感じることが多いかもしれません。4分の4拍子の拍子記号は $\frac{4}{4}$ と𝐂の2種類あります。ほかに2分の4拍子や8分の4拍子などもあります。

『犬のおまわりさん』（佐藤義美 作詞、大中 恩 作曲）より

6 複合拍子（6拍子、9拍子、12拍子）

1）6拍子

3拍子が2つ集まった拍子であるため、複合拍子と呼ばれます。強、弱、弱、中強、弱、弱を繰り返しますが、通常は大きく2拍でとらえ、2拍子（強、弱、弱、中強、弱、弱）で感じます。8分の6拍子は、子どもの歌のなかでは数少ない拍子です。

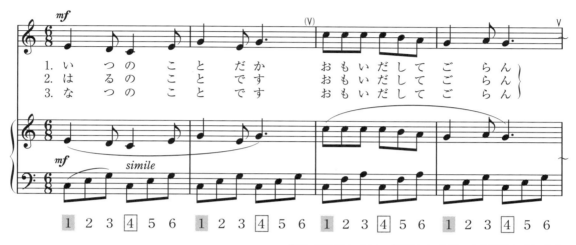

『思い出のアルバム』（増子とし 作詞、本多鐵麿 作曲）より

2）9拍子、12拍子

ほかに8分の3拍子が3つ集まった8分の9拍子、8分の3拍子が4つ集まった8分の12拍子があります。

7 特殊拍子（5拍子、7拍子）

1）5拍子

異なる単純拍子が合わさった拍子で、3拍子＋2拍子、または2拍子＋3拍子の組み合わせがあります。

2）7拍子

異なる単純拍子が合わさった拍子で、4拍子＋3拍子、または3拍子＋4拍子、2拍子＋3拍子＋2拍子などがあります。

8 変拍子

楽曲中の拍子が、作曲者の意図するところから途中で変わることを意味します。異なった2つの単純拍子が、1小節ごとに交互に交代するような楽曲もあります。

9 強起と弱起

楽曲が1拍めから始まるものを**強起**の曲といい、1拍め以外から始まる曲を**弱起**の曲といいます。次のページの弱起の曲では、第1小節めと最終小節は拍たらずであり、この拍たらずの小節を不完全小節といいます。第1小節めと最終小節の拍をたすと、ちょうど拍を満たした完全小節になります。

> **Point**
> 弱起の曲を演奏するときは、不足分の拍を感じてから演奏に入るようにする。

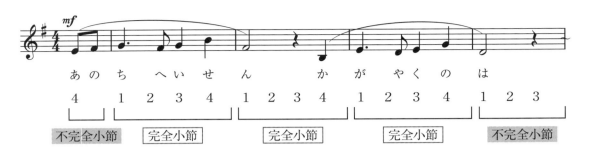

『君をのせて』（宮崎　駿 作詞、久石　譲 作曲）より

 **Challenge 9**

❶ 次の①〜④のリズム譜を、拍子に合わせて小節線（縦線）で区切りましょう。小節線を書き入れたら、実際にリズムを叩いてみましょう。

❷ 次の曲は何分の何拍子の曲であるのか、楽譜内に拍子記号を書き入れましょう。また、強拍に◎、弱拍に○、中強拍に●をつけましょう。次に、①〜④までのリズムを実際に叩いてみましょう。

『スイカの名産地』（アメリカ民謡）より

『こいのぼり』（文部省唱歌）より

『きよしこのよる』（フランツ・クサーヴァー・グルーバー 作曲）より

『すうじのうた』（小谷　肇 作曲）より

❸ 次の曲は強起の曲か、弱起の曲か、答えましょう。

① （　　）

なつも ちかづく はちじゅう はちや

『茶つみ』（文部省唱歌）より

② （　　）

わたしゃおんがくかやまのこりす

『山の音楽家』（水田詩仙 日本語訳、ドイツ民謡）より

❹ 下記の2小節のリズムに対し、さらに2小節のリズムをつづけてつくりましょう。また、完成したリズム譜の音符の下に、「夏」をイメージする言葉をつけましょう。

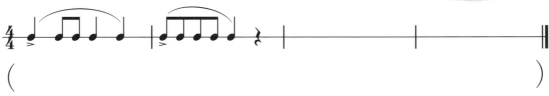

（　　　　　　　　　　　　　　　　　　　　　　　　　　　　　　）

❺ ❹で作成したリズムを、言葉を言いながら叩いてみましょう。可能なら、つくったリズムをお互いに発表し合いましょう。また、2〜4人のグループをつくり、①つくったリズムをグループ全員で同時に叩く、②グループ内で順番を決め、順に2小節遅れて叩く、を実践してみましょう。お互いに拍子を感じることが大切です。

---

8. 音程

　音と音との高さの隔たり（距離）を**音程**といい、この隔たりを表すのに「度」という言葉を使います。同じ高さの音を「1度」として、となり同士の高さの音を「2度」「3度」……と表します。また、時間をおいて順次に響く2つの音の高さの隔たりを**旋律的音程**、2つの音が同時に響く場合の2音間の音程を**和声的音程**といい、視覚的にも見分けることができます。

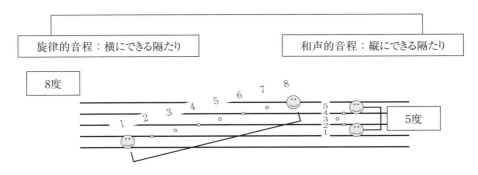

視覚的に見る音階上の音程の階段

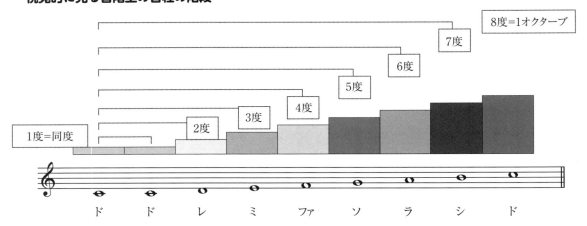

1 単音程と複音程

音と音との隔たりが1オクターブ以内である音程を**単音程**といいます。

Challenge 10

下記の2音間の隔たりを、（　）内に音程度数で表しましょう。

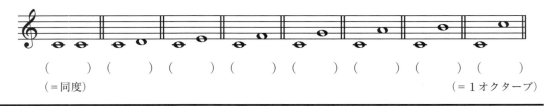

（　）（　）（　）（　）（　）（　）（　）（　）
（＝同度）　　　　　　　　　　　　　　　　　　　　　　　（＝1オクターブ）

音と音との隔たりが1オクターブを超える広い音程を**複音程**といい、2つの呼び方があります。

　　　9度　　　　　　　10度　　　　　　　12度
（＝1オクターブと2度）（＝1オクターブと3度）（＝1オクターブと5度）

2 順次進行と跳躍進行

音が2度進行する状態を**順次進行**といい、3度以上の隔たりをもって進行する状態を**跳躍進行**といいます。順次進行に比べ、跳躍進行は隔たりが広がれば広がるほど演奏時にエネルギーを要します。

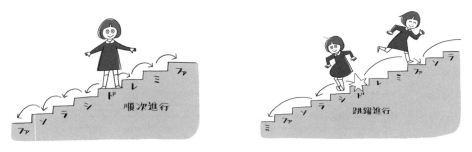

3 全音と半音

白鍵・黒鍵を含めて鍵盤を見たとき、となり同士の音の隔たりを**半音**といい、1音含んだ音同士の隔たりを**全音**といいます。たとえば、ドとレ♭は半音、レ♭とミ♭は全音の関係になります。

1点ハ音～2点ハ音間の幹音同士の音程の関係

全音と半音は、となり同士の音なので、すべて2度音程になる。

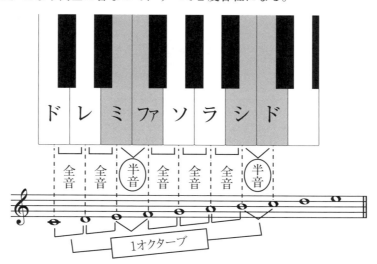

Challenge 11

下記の（　　）内に数字を書き入れましょう。

1点ハ音～2点ハ音間の1オクターブのなかには、全音が（　　）つ、半音が（　　）つ、含まれています。

4 視覚的に特徴のある音程

音程には視覚的に特徴をもった音程があり、その特徴をとらえておくと、楽譜を読むときの助けにもなります。次の①～⑩の2音間の和声的音程は1度、2度、3度のいずれかの音程ですが、視覚的にそれぞれの音程が特徴をもっていることがわかります。

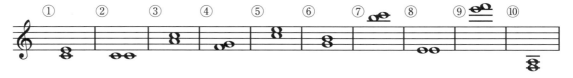

Challenge 12

上記の①～⑩の音程の度数を速答しましょう。

5 音程と音響

音程を構成する2つの音を同時に響かせると、よく調和する音程と比較的調和しない音程があります。個々の音の振動数の比率が単純なものほどよく調和し、複雑なものほど調和度が少なくなり、下記のように分類されています。

図表 1-1-20 音程の分類

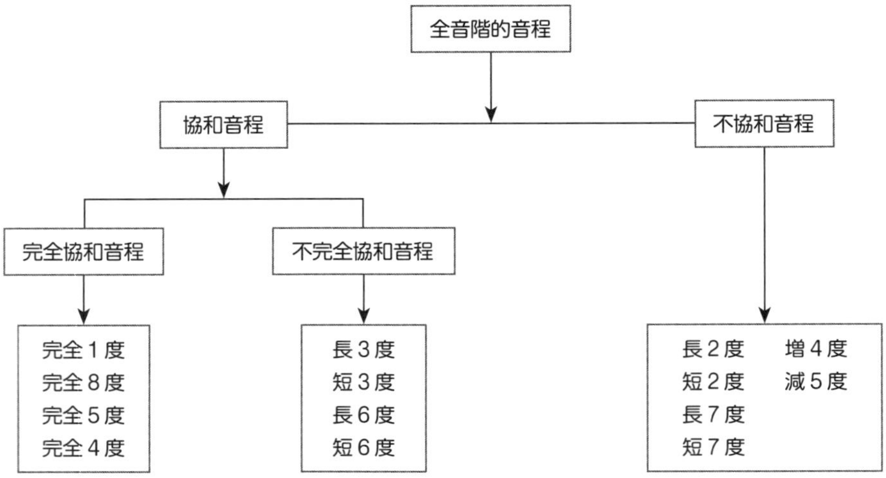

```
                    全音階的音程
                          │
         ┌────────────────┼────────────────┐
      協和音程                           不協和音程
         │                                  │
    ┌────┴────┐                             │
 完全協和音程   不完全協和音程                   │
    │            │                          │
┌─────────┐  ┌─────────┐           ┌──────────────────┐
│ 完全1度  │  │ 長3度   │           │ 長2度    増4度    │
│ 完全8度  │  │ 短3度   │           │ 短2度    減5度    │
│ 完全5度  │  │ 長6度   │           │ 長7度             │
│ 完全4度  │  │ 短6度   │           │ 短7度             │
└─────────┘  └─────────┘           └──────────────────┘
```

6 音程の種類

音程は、図表1-1-20の分類からその響きの性質によって**完全音程系グループ**、**長・短音程系グループ**に分けられます。この2つの音程とは性質の異なる音程は、増・減などの言葉と組み合わせてその種類を表します。

図表 1-1-21 音程の種類

音程グループ	音程の種類	使用される度数
完全音程系グループ	完全	1度、8度、4度、5度
長・短音程系グループ	長	2度、3度、6度、7度
	短	
番外編	増	全ての度数
	減	1度を除くすべての度数（減1度は存在しない）
	重増	すべての度数
	重減	1度を除くすべての度数（重減1度は存在しない）

変化記号を含まない幹音同士による音程（ハ調長音階上に構成される音程で考える）は、ほかのあらゆる音程を判別するための基礎になります。

図表 1-1-22　幹音同士による音程の種類

完全1度	完全4度	完全5度	完全8度
同じ高さの2つの音	半音を1つ含む4度	半音を1つ含む5度	1オクターブ
長2度	長3度	長6度	長7度
1つの全音	半音を含まない3度	半音を1つ含む6度	半音を1つ含む7度
短2度	短3度	短6度	短7度
1つの半音	半音を1つ含む3度	半音を2つ含む6度	半音を2つ含む7度
増4度	減5度		
半音を含まない4度	半音を2つ含む5度		

音程は、2音間の半音の増減によって名称が変わります。

図表 1-1-23　2音間の半音の増減による名称の変化

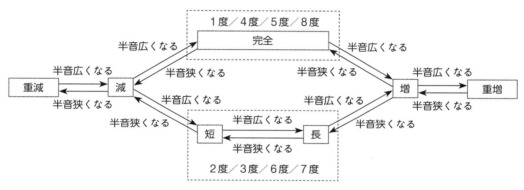

Challenge 13

❶ p.38〜39の音程について、（　　）内に音程度数を書きましょう。

❷ 次の①〜⑱の音程をできるだけ早く答えましょう。

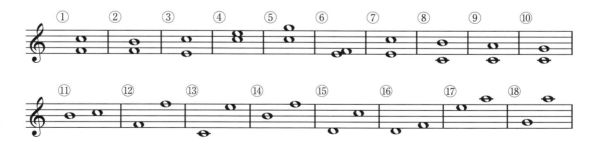

7 幹音同士の音程の判別

幹音同士の音程を判別する際のポイントは、半音の数です。

1）長・短音程系グループの音程の判別

2度の場合

全音＝長2度
半音＝ミとファ、シとド＝短2度

3度の場合

半音を含まない3度＝長3度
半音を1つ含む3度＝短3度

6度と7度の場合

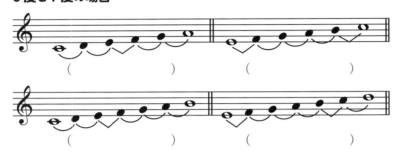

半音を1つだけ含んでいる場合は、長6度、長7度。
半音を2つ含んでいる場合は、短6度、短7度

2）完全音程系グループの音程の判別

1度の場合

同じ音同士は、すべて完全1度

8度の場合

1オクターブは完全8度

4度の場合　　　　　**5度の場合**

半音を1つだけ含む4度と5度は、完全4度、完全5度

4度と5度の番外編

ファ〜シの間には半音がない。
半音を含まないため完全4度より隔たりが広いので増4度（＝3全音）という

シ〜ファの間には半音が2つある。半音が2つあるため完全5度より隔たりが狭いので減5度という

3）臨時記号がついた場合の音程判別

臨時記号がついた場合には、最初は臨時記号を取った状態にして考えましょう。

片方の音に臨時記号がついた場合

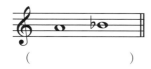
（　　　　　　）

ラ～シは全音なので長2度。シに♭がつくと半音下がるので、二音間の隔たりは半音狭くなる。結果、長2度から短2度に変わる

（　　　　　　）

レ～ファの間には半音が1つあるので短3度。ファに♯がつくと半音上がるので、二音間の隔たりは半音広くなる。結果、短3度から長3度に変わる

両方の音に臨時記号がついた場合

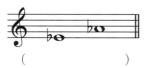
（　　　　　　）

ミ～ラは完全4度。ミにもラにも♭がついているので、両音ともに半音ずつ下がる。そのため、同じ音程幅で平行移動するだけなので、完全4度のまま

❶ 以下の『池の雨』の楽譜を見て、①～⑥に答えましょう。

① 使われているとなりあった音の音程の種類をすべて書きだしましょう。

② 2音間の隔たりがもっとも広い2音間部分を線と線で結びましょう。
③ 楽曲のリズムを手拍子で叩きましょう。
④ 日本音名で歌いましょう。
⑤ この楽曲のなかでもっとも高い音を○で、もっとも低い音を△で囲みましょう。

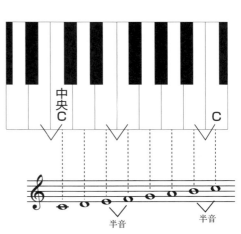

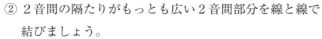

EIN MÄNNLEIN STEHT IM WALDE（池の雨）

ドイツ民謡

⑥ この楽曲のメロディーの特徴について、気がついたことを書きましょう。

(　　　　　　　　　　　　　　　　　　　　　　　　　　　　　　)

❷ 以下の楽曲はわらべうたです。この楽曲内に見られる旋律的音程を調べ、実際に歌ってみて、この曲の特徴について気づいたことを書きましょう。

『なべなべそこぬけ』より

(　　　　　　　　　　　　　　　　　　　　　　　　　　　　　　)

❸ 以下の楽譜内の和声的音程を視覚的に見て、①～④の記号部分の音程を答えましょう。

『CHOPSTICKS』（アメリカ民謡）より

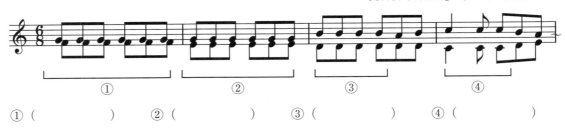

① (　　　　)　② (　　　　)　③ (　　　　)　④ (　　　　)

❹ 以下の楽譜内の①～④の記号部分の音程を答えましょう。

『PETER AND THE WOLF Op.67』（プロコフィエフ 作曲）より

① (　　　　)　② (　　　　)　③ (　　　　)　④ (　　　　)

❺ ❷と❹の楽曲を比較して、気がついたことを書きましょう。

(　　　　　　　　　　　　　　　　　　　)

9. 音階と調

　音を音高の順に1オクターブ内に配列したものを**音階**といいます。音階には、全音階（長音階、短音階）、半音階、五音音階など様々な種類があり、楽曲はこれらの音階をもとに作曲されています。

1 長音階（Major scale）

　長音階は、2つの同じテトラコード（tetra-chord）を1つの全音でつなげた音列であるといえます。テトラコードとは4弦、完全4度などの意味をもっている4つの音でできた音列で、以下のような全音と半音の配列パターンをもつ音階です。

図表1-1-24　長音階

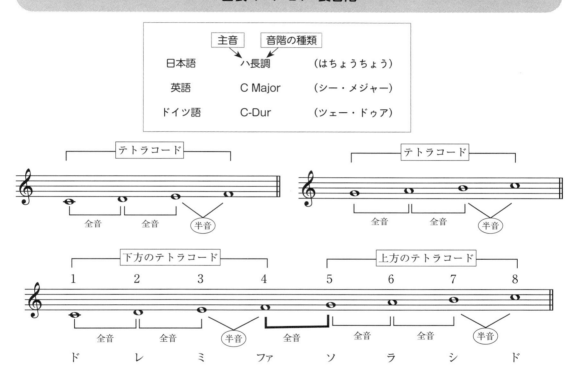

　配列は全音―全音―半音―全音―全音―全音―半音で、第3音と第4音、第7音と第8音の間が半音、そのほかはすべて全音です。長音階はどの音から出発しても、この配列パターンを厳守して構成されます。

　ハ音を出発点（中心的な音）とする長音階は幹音のみからなり、この基本となる長音階を「ハ調長音階」といいます。

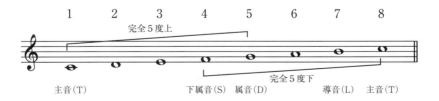

　長音階や短音階の8つの音のなかで、第1音、第4音、第5音、第7音はとくに重要な働きをもつ音です。

図表 1-1-25　各音の働き

第1音　主音　**トニック**（Tonic）といい、その音階を代表するもっとも重要な音。楽曲の中心になる音でもあり、通常、楽曲は主音にいたって終止したときにもっとも終止感が強くなる

第4音　下属音　**サブドミナント**（Sub-Dominant）といい、属音の下に位置し、主音から完全5度下にある音。主音や属音に対し、補助的な働きをする。下降導音ともいわれ、下降して第3音に進行したい性質をもっている

第5音　属音　**ドミナント**（Dominant）といい、主音から完全5度上に位置し、主音についでその調に強い影響力をもった重要な音

第7音　導音　**リーディング・トーン**（Leading-Tone）といい、主音の下に位置し、主音とは半音の関係にある音。主音に進行して落ち着きたいという性質があり、主音へ導かれる音として導音といわれている

1）嬰種（♯系）長音階の構成

ト音から順に8つの幹音を並べると、次のようになります。この配列では、2つの同じテトラコードが全音で結ばれている形にはなっていません。

この音階を長音階の配列にするためには、第6音と第7音の間を全音に、第7音と第8音の間を半音にしなければなりません。そのためには、第7音を♯で半音上げる必要があります。

これで正しい長音階の配列になりました。第7音につけた♯をト長調の調号といいます。

嬰種（♯系）長音階のシャープのつき方

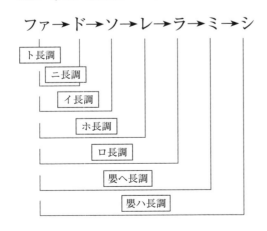

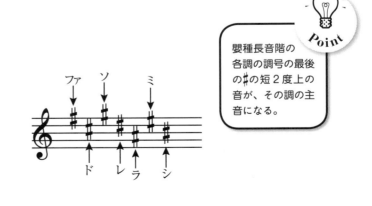

> **Point**
> 嬰種長音階の各調の調号の最後の♯の短2度上の音が、その調の主音になる。

嬰種（♯系）長音階と調号

＊◯で囲まれたト長調、ニ長調、イ長調は、子どもの歌でも使用頻度の高い調性

2）変種（♭系）長音階の構成

ヘ音から順に8つの幹音を並べると、次のようになります。

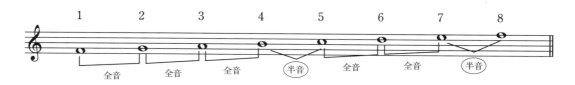

これでは、長音階の正しい配列になっていません。第3音と第4音の間を半音にし、第4音と第5の間を全音にするためには、第4音を♭で半音下げる必要があります。

これで長音階の正しい配列になりました。第4音につけた♭はヘ長調の調号になります。

変種（♭系）長音階のフラットのつき方

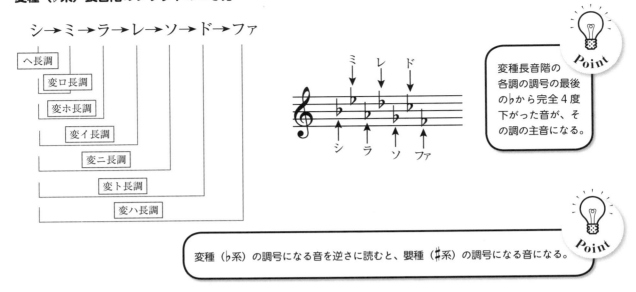

> 変種長音階の各調の調号の最後の♭から完全4度下がった音が、その調の主音になる。

> 変種（♭系）の調号になる音を逆さに読むと、嬰種（♯系）の調号になる音になる。

変種（♭系）長音階と調号

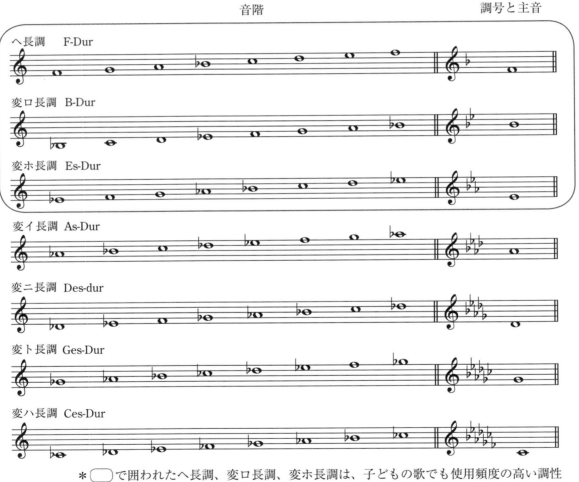

＊◯で囲われたヘ長調、変ロ長調、変ホ長調は、子どもの歌でも使用頻度の高い調性

❷ 短音階（minor scale）

　短音階には、以下の3つの種類があります。短音階の基本構成は、イ音＝ラの音を主音とするイ調短音階をもとにつくられます。

図表 1-1-26 短音階

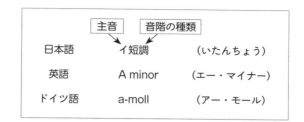

1）自然的短音階

調号のみによる音構成（音階固有音）でつくられる臨時記号がつかない音階を**自然的短音階**といいます。第7音と第8音の間は全音であり、第7音は導音の役目をしていません。

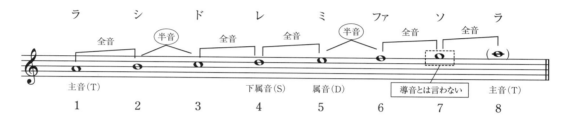

2）和声的短音階

自然的短音階の第7音が半音上がった音階が**和声的短音階**です。そのため、第7音は主音への進行を強くする導音の役割をもちます。また、第6音と第7音の間にできる増2度音程はこの音階を特徴づけています。

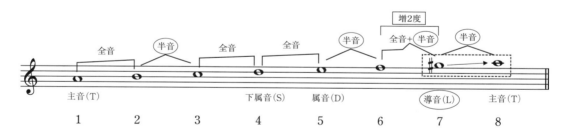

3）旋律的短音階

和声的短音階の第6音を半音上げて増2度音程を解消し、歌いやすくした音階が**旋律的短音階**です。上行形と下行形があり、下行形では臨時記号がつかないため自然短音階と同じ音階になります。

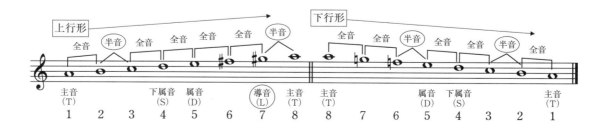

4）嬰種と変種の短音階

短音階にも、嬰種と変種があります。次にあげる音階は、♯系、♭系の調号の3つまでの調です。

嬰種（♯系）自然短音階と調号

変種（♭系）自然短音階と調号

3 近親調

ある調と密接な関係にある調を**近親調**といい、以下の4種類があります。

1）平行調

音階には同じ調号をもつ長調と短調があります。長調の主音に対し、短調の主音は短3度下にあります。同じ調号をもつ長調の主音と短調の主音は、必ず短3度の関係になっています。

図表1-1-27　同じ調号をもつ長調と短調

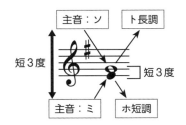

調号が同じで、主音が短3度の関係になっている長調と短調を**平行調**といいます。

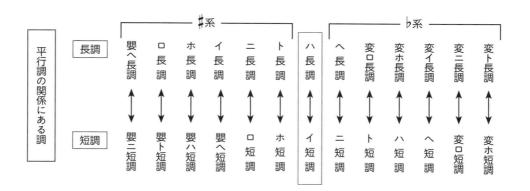

図表 1-1-28　平行調

2）同主調

同じ主音をもつ長調と短調の関係を**同主調**といいます。

　例：ハ長調とハ短調、ヘ長調とヘ短調

3）属　調

ある調の音階の主音より、完全5度上にある音から始まる音階の同種の調にある関係を**属調**といいます。

　例：ハ長調とト長調、ハ短調とト短調

4）下属調

ある調の音階の主音より、完全5度下にある音から始まる音階の同種の調にある関係を**下属調**といいます。

　例：ハ長調とヘ長調、ハ短調とヘ短調

次は、ハ長調をもとにした場合の4種類の近親調の関係性を表した図です。近親調関係にある調は、転調（p.66参考）などの際によく使われます。

図表 1-1-29　近親調の関係性

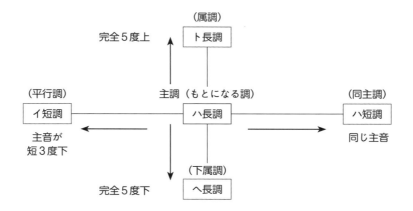

4 楽譜上の長調と短調の見分け方

多くの楽曲が、もっとも終止感を強くする性質のある主音で終止していることから、楽譜上で短調と長調を見分ける場合、楽曲の最終音にヒントがあります。

p.18〜20の楽譜内★印部分を見てください。楽曲中で終止を感じる部分や楽曲の最後の音の多くは、その楽曲の調の主音で終わっていることがわかります。

楽譜上で何調かを見分ける場合、まず最初に調号を見て、その調号から平行調関係にある長調と短調を考えます。次に楽曲の最終音をチェックし、どちらの調の主音で終止しているかによって判断します。

5 5度圏

下の5度圏の図表を見ることで、同じ調号をもつ長調と短調の関係がよくわかります。また、ある音階の調や調号を調べるのにも役立ちます。

図表 1-1-30　5度圏

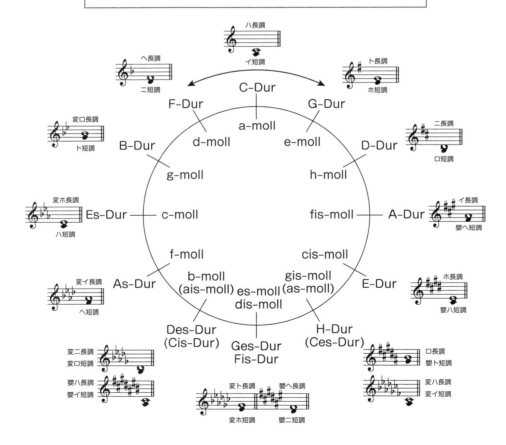

Challenge 15

❶ 下記の調の長音階を調号を用いずに書き、右端の小節に調号を書き入れましょう。

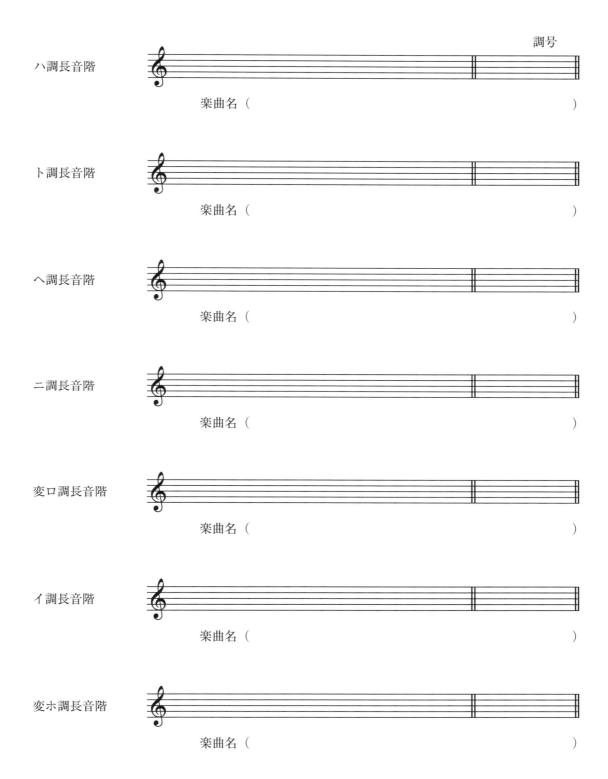

❷ ❶で書いた長音階の調性で作曲されている子どもの歌を2曲ずつ探し、（　）内に楽曲名を書き入れましょう。また、可能ならば発表し合いましょう。

❸ 子どもの歌のなかで、短調で作曲されている楽曲を3曲探し、楽曲名と調性を書き入れましょう。

楽曲名（　　　　　　　　　　　　　　　　　　）　調性（　　　　　　　　　）

楽曲名（　　　　　　　　　　　　　　　　　　）　調性（　　　　　　　　　）

楽曲名（　　　　　　　　　　　　　　　　　　）　調性（　　　　　　　　　）

---

6 いろいろな音階

1) 半音階

音階各音の音程関係がすべて半音になっている音階です。楽曲のなかで装飾的に使われます。

上行形

下行形

2) 全音階

半音階の音を1つおきに取ると、6つの音で構成された音階になります。この音階の各音の隔たりは全音（長2度）で、全音音階または六全（音）音階と呼ばれます。この音階はどんな音から出発してもつくることができ、調性感が感じられないため、独特な雰囲気をもっています。

上行形

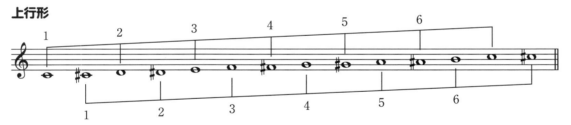

下行形

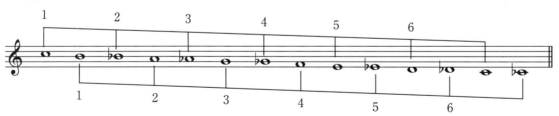

3) その他の音階

各国にはその国特有の様々な音階があり、楽曲を特徴づけています。

①日本の音階

日本の音階には、2つのテトラコード（完全4度の関係にある2つの音による音列）を組み合わせた5つの音で構成された**五音音階**（pentatonic-scale）があります。テトラコードの組み合わせによって、様々な種類に分けられます。ここでは代表的な音階のみ取りあげます。

律音階

日本の雅楽などで使われている音階で、高貴で雅な雰囲気をもった音階です。

楽曲例：『越天楽今様』ほか

民謡音階

民謡やわらべうたなどで使われている素朴さをもった音階です。わらべうたでは、テトラコード内の２つの音のみを使った２音歌や、１つのテトラコードのみを使った３つの音による３音歌なども多く見られます。

楽曲例：『ひらいたひらいた』ほか

都節音階

箏曲や三味線音楽などの邦楽で使われている音階で、陰音階とも呼ばれています。

楽曲例：『さくらさくら』ほか

琉球音階

日本の沖縄地方特有の音階で、明るい雰囲気をもった音階です。

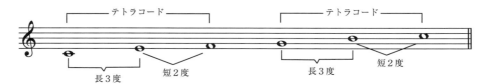

楽曲例：『てぃんさぐぬ花』『島唄』ほか

ヨナ抜き音階

長音階の第４音（下降導音）と第７音（導音）を抜いた音階であるため、ヨナ抜き音階と呼ばれます。わらべうたや唱歌に多く使用され、第４音と第７音が存在しないため半音がなく、穏やかで安定感のある楽曲になります。

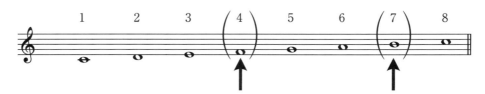

楽曲例：『こいのぼり』『とんぼのめがね』『うみ』『赤とんぼ』『お正月』ほか

身近な楽曲にも見られるヨナ抜き音階

　ヨナ抜き音階で作曲された唱歌や童謡が多いことを前述しましたが、実は現在の身近な楽曲でも、ある一部分や楽曲の途中までがヨナ抜き音階でつくられている楽曲があります。『上を向いて歩こう』（坂本　九 唄）、『川の流れのように』（美空ひばり 唄）、『いのちの名前（『千と千尋の神隠し』より）』（久石　譲 作曲）、『恋するフォーチュンクッキー』（AKB48 唄）など意外に多いのです。また、保育の現場でよく歌われる『おかえりのうた』『おべんとう』（ともに天野　蝶 作詞、一宮道子 作曲）も、ヨナ抜き音階で作曲されています。

　ヨナ抜き音階で作曲されているメロディー部分を聴くと、なんとなく懐かしいような感じがすることがあるかもしれません。もしかしたら、ヒット曲との関連性があるのかもしれません。

②世界の音階

　世界各国にはその国特有の音階があり、前述の長音階や短音階を使ってつくられた音楽とは違った特徴をもった民謡や民族音楽が多くあります。日本に関係の深い音階を１つ紹介します。

スコットランド音階、中国の音階

　日本のヨナ抜き音階と同じ音構成で五音音階です。

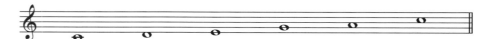

楽曲例：『ほたるの光』（スコットランド民謡）、『太湖船』（中国民謡）ほか

『ほたるの光』はスコットランド民謡だった！

　卒業式に歌ったり、店舗の閉店時に耳にする日本人にとってはなじみのある『ほたるの光』ですが、原曲になっていたのはスコットランド民謡『Auld Lang Syne（久しき昔）』です。スコットランドに古くから伝わる旋律にスコットランドの詩人であるロバート・バーンズ（Robert Burns, 1759〜1796）が歌詞をつけましたが、その内容が月日が過ぎゆくことを歌う内容であったことから、スコットランドでは大晦日や年明けに歌われてきました。

　1881（明治14）年、当時の国の状況を織り込んだ日本語に訳されて、小学校の音楽の教科書『小学唱歌集（初編）』に『蛍』という楽曲名で掲載され、歌われるようになりました。歌詞は４番までありますが、現在、卒業式では２番まで歌われています。

10. 和音とコードネーム

ただ1つの音に対し、違う高さの音が2つ以上重なって響くと**和音**になります。

図表1-1-31　和音のしくみ

1　三和音（Triad）

音階上のある音を**根音**（Root）と決めて、その音の上に3度ずつの間隔で2つの音を積み重ねた和音を**三和音**といいます。

図表1-1-32　三和音のしくみ

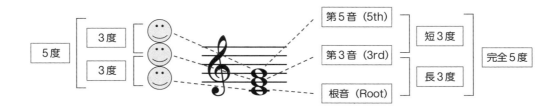

3度は3度でも、長3度を積み重ねるのか、短3度を積み重ねるのかで和音の種類や響きは大きく違います。三和音においては、その3度の積み重ね方で4種類の和音に種別されます。

図表1-1-33は、4種類の三和音と、その和音の**コードネーム**での表記法についてまとめたものです。

Challenge 16

図表1-1-33の長三和音（C）、短三和音（Cm）、減三和音（Cdim）、増三和音（Caug）の4種類の和音を実際に弾いて、その響きを聴きましょう。

図表 1-1-33　三和音とコードネーム

三和音の種類	各種和音の音程構成	根音をCとした場合の各種三和音	コードネームの表記法	コードネームの読み方
長三和音	5音─(短3度) 3音─(長3度) 根音	C	Major chord （Mは省略されることが多い） □(M)	根音のみで表し、これを英語音名で読む。 □メジャーと読む
短三和音	5音─(長3度) 3音─(短3度) 根音	Cm	Minor chord □m	根音の右にmを付記して□マイナーと読む
減三和音	5音─(短3度) 3音─(短3度) 根音	C dim (C°) (Cm^{-5})	Diminished chord □dim □m^{-5}	根音の右下にdimと付記して□ディミニッシュと読む。□°も同じ読み方。ほかにも根音の右下にm^{-5}と付記してマイナー・マイナスフラットファイブと読むこともある
増三和音	5音─(長3度) 3音─(長3度) 根音	Caug	Augumented chord □aug □$^+$ (□$^{+5}$)	根音の右下にaugと付記してオーギュメントと読む。□$^+$も□$^{+5}$も同じ読み方

1）長音階上にできる三和音の構成音と種類

　ハ調長音階は、すべての長音階の基本となる音階ですが、和音においても同じことがいえます。長音階上にできる三和音は、長・短・減の3種類です。この3種類の和音をコードネーム表記法に従って表すことができます。また、音階の第1～第7音上にできる和音であるため、それぞれⅠ～Ⅶの和音ともいわれます。

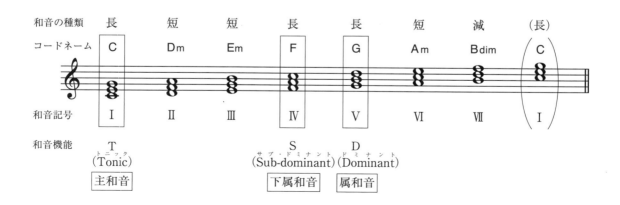

2）短音階上にできる三和音の構成音と種類

　イ調短音階は、すべての短音階の基本となる音階ですが、和音においても同じです。ただし、和声短音階上にできる三和音を基本としています。短音階上にできる和音の種類は長・短・減・増の4種類です。

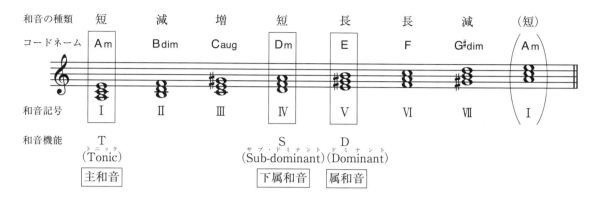

3）主要三和音

　長音階・短音階において、主音、属音、下属音上の三つの和音（上記の□で囲った和音）をその調を代表する**主要三和音**といいます。対して、音階上の主要三和音以外のすべての和音を副三和音といいます。

図表 1-1-34　主要三和音の特性

和音	特性
Ⅰの和音＝主和音 ＝トニック（Tonic）を代表する和音	その調を代表する和音。安定感があり、トニックが響くと落ち着いた気分になる。多くの音楽はこの和音で終止している。ほかにトニックの機能をもつ副三和音はⅥ、Ⅲ
Ⅴの和音＝属和音 ＝ドミナント（Dominant）を代表する和音	その調の音階の第5音上にできる和音で、属音と導音を含む。そのため、不安定でトニックに進んで落ち着きたくなる性質をもつ。和声学上ではⅤ→Ⅳの進行を好ましくないとしている。ほかにドミナントの機能をもつ副三和音はⅦ、Ⅲ
Ⅳの和音＝下属和音 ＝サブ・ドミナント（Sub-dominant）を代表する和音	その調の主和音と属和音の関係を補助する役割をもつ。トニックにもドミナントにも進むことができ、開放的な性質をもつ。ほかにサブドミナントの機能をもつ副三和音はⅡ

4）伴奏づけを行うために覚えておきたい知識

　下記の『春の小川』のメロディーは、基本的にハ調長音階上の構成音によって作曲されています。ハ調長音階をもとにつくられているということは、楽曲のなかで「ドの音やCのコードがいちばん落ち着いた気分になる曲」だということです。また、ハ調長音階上にあるコードが、メロディーに対して似合う可能性が比較的高いということになります。

『春の小川』（文部省唱歌、岡野貞一　作曲）より

下記のそれぞれの和音同士には共通する音（共通音）が2つもあります。共通音が2つもあるということは、同じような機能をもち、同じような働きをする場合があるということです。Ⅰ（C）の代わりにⅢ（Em）やⅥ（Am）が使えたり、Ⅳ（F）の代わりにⅡ（Dm）が使えることがあります（p.55『春の小川』★部分参照）。

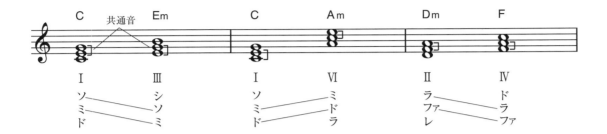

図表1-1-35　和音の進行形と終止形

和音の進行

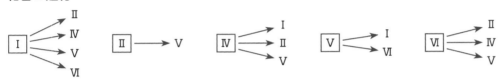

終止形の種類

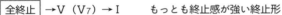

全終止	→V（V7）→Ⅰ	もっとも終止感が強い終止形
偽終止	→V→Ⅵ	Ⅰに終止すると見せかけることで効果が生まれる
半終止	→V	音楽の読点部分に使われる。V7は半終止になれない
変格終止	→Ⅳ→Ⅰ	アーメン終止ともいわれる

和音機能の終止型カデンツ

（1）T－D－T

（2）T－S－D－T

（3）T－S－T

DからSへの進行は見られない。

❶ 下記の五線内にハ調長音階とイ調短音階（和声的短音階）を第7音まで書き入れ、それらの音を根音とした三和音をつくりましょう。

❷ コードネームと和音記号を書き入れましょう。

❸ 主要三和音を□で囲い、和音機能を書き入れましょう。

❹ それぞれの音階上にできる三和音の種類分けをしましょう（p.54～55参照）。

ハ長調の三和音

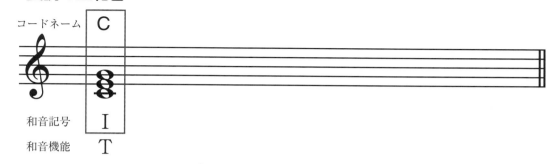

長音階上にできる三和音の種類
- メジャー・コード（長三和音）・・・(C、　　　　　　　　　　　　)
- マイナー・コード（短三和音）・・・(　　　　　　　　　　　　　)
- ディミニッシュ・コード（減三和音）・・・(　　　　　　　　　　　)

イ短調の三和音

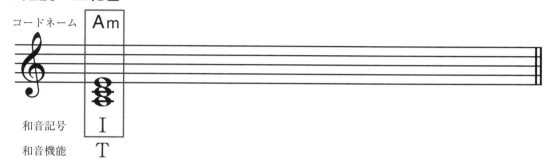

短音階上にできる三和音の種類
- マイナー・コード（短三和音）・・・(Am、　　　　　　　　　　　)
- メジャー・コード（長三和音）・・・(　　　　　　　　　　　　　)
- ディミニッシュ・コード（減三和音）・・・(　　　　　　　　　　　)
- オーギュメント・コード（増三和音）・・・(　　　　　　　　　　　)

---

❷ 四和音（7th chord）

音階上にある音を根音と決めて、その音の上に3度ずつの間隔で3つの音を積み重ねた和音を四和音といいます。

図表 1-1-36　四和音のしくみ

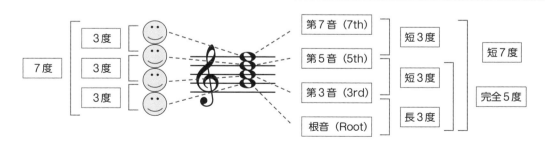

三和音と同様で、四和音においても長3度と短3度の積み重ね方で和音の種類や響きが大きく違います。四和音は根音から第7音までが7度音程になっているため、七の和音ともいいます。

次の図表1-1-37は、長音階と短音階上にできる七の和音の種類とコードネームの表記法をまとめた表です。

Part **1** 保育者に求められる感性・表現力・創造性

図表 1-1-37　長音階と短音階上にできる七の和音とコードネーム

七の和音の種類	各種和音の音程構成	根音をCとした場合の各種四和音	コードネームの表記法	コードネームの読み方
属七の和音 （三和音における長三和音のように七の和音の基準となる和音）	長三和音＋短7度 ⑦音 （短3度） ⑤音 （短3度） ③音 （長3度） 根音	C7	Dominant 7th chord □7	根音の右に7を付記して□セブンス（あるいは、ドミナント・セブンス）と読む
減七の和音	減三和音＋減7度 ⑦音 （短3度） ⑤音 （短3度） ③音 （短3度） 根音	Cdim7 （C°7） （C°） （Cdim）	Diminished 7th chord □dim7 □°7 □dim	根音の右にdim7を付記してディミニッシュ・セブンスと読む。減三和音や°印を付記して表す場合、dim7や°7で表記される。また減三和音をm-5で表記した場合、dimの付記のみで表される
長七の和音 （標準的な長七の和音。一般的に長七の和音はこの形をさす）	長三和音＋長7度 ⑦音 （長3度） ⑤音 （短3度） ③音 （長3度） 根音	CM7 （C△7） （Cmaj7）	Major 7th chord □M7	根音の右にM7を付記してメジャー・セブンスと読む
短七の和音 （標準的な短七の和音。一般的に短七の和音はこの形をさす）	短三和音＋短7度 ⑦音 （短3度） ⑤音 （長3度） ③音 （短3度） 根音	Cm7 （C-7）	Minor 7th chord □m7	根音の右にm7を付記してマイナー・セブンスと読む
短三長七の和音	短三和音＋長7度 ⑦音 （長3度） ⑤音 （長3度） ③音 （短3度） 根音	CmM7	Minor Major 7th chord □mM7	根音の右にmM7を付記してマイナー・メジャー・セブンスと読む
減五短七の和音 （減三短七の和音ともいわれる）	減三和音＋短7度 ⑦音 （長3度） ⑤音 （短3度） ③音 （短3度） 根音	C∅ （Cm7♭5） （Cm7-5）	Half diminished 7th chord □∅ □m7-5	根音の右上に∅を付記してハーフ・ディミニッシュと読む。あるいは根音の右にm7♭5を付記してマイナー・セブンス・マイナス・フラット・ファイブと読むこともある
増三長七の和音	増三和音＋長7度 ⑦音 （短3度） ⑤音 （長3度） ③音 （長3度） 根音	CaugM7 （CM7+5）	Augumented major 7th chord □augM7 □M7+5	根音の右上にaugM7を付記してオーギュメント・メジャー・セブンスと読む

1）長音階上にできる七の和音の構成音と種類

次は、ハ調長音階上にできる七の和音です。

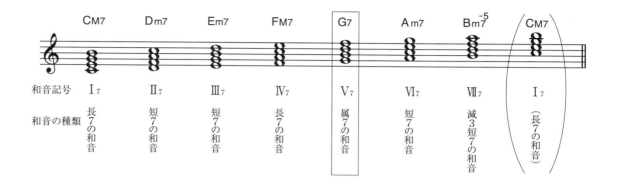

属音の上にできるV_7の和音を**属七の和音**といい、七の和音のなかで重要な和音です。属七の和音以外の七の和音は、すべて副七の和音といいます。

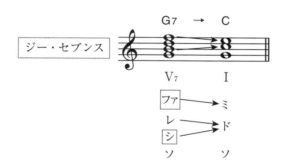

> 属七の和音のなかには、不協和音程（シーファ）を含んでいるため、Ⅰの和音に進んで安定したい性質がある

2）短音階上にできる七の和音の構成音と種類

次は、イ短調の和声短音階上にできる七の和音です。

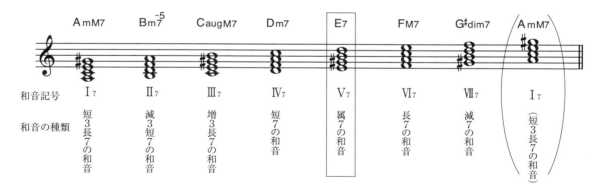

長音階と同様で、短音階にも属七の和音が1つあります。属七の和音以外はすべて副七の和音です。

副七の和音のなかでも特徴的なのが、$Ⅶ_7$＝**減七の和音**です。不安な気持ちにさせる和音で、ドラマなどのシーンでもよく使われています。

3 和音の転回

和音は、根音に3度ずつ重ねた形を**基本形**といいます。基本形の和音の音を転回させた形を**転回形**といい、第1転回形、第2転回形、第3転回形と呼びます。転回形になるとコードネームの表記の仕方も変わりますが、Cのコードであることには変わらないので、Cのままで変更なく表記することもよくあります。

1) ハ長調の主要三和音

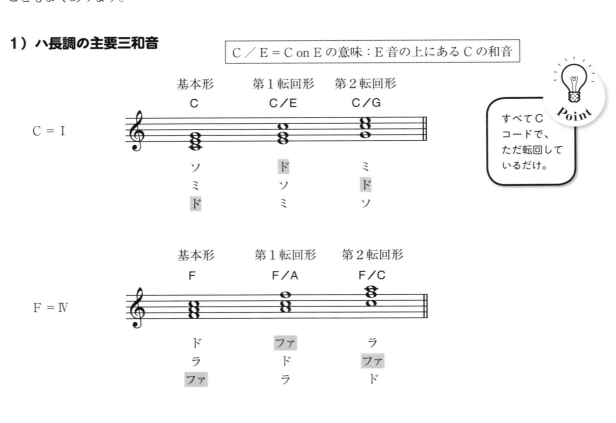

2) ハ長調の属七の和音

❶ 下記の表内に、ヘ長調の主要三和音（Ⅰ、Ⅳ、Ⅴ）と属七の和音（V₇）の基本形と転回形を書き入れましょう。

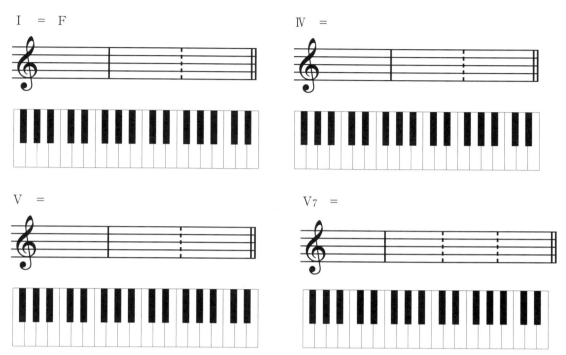

❷ 下記の伴奏部分の和音を、コードネームに置き替えて（　　）内に書き入れましょう。

4 主要な長調の和音機能とコードの関係

主要な長調の機能とコードは、以下のような関係になっています。

図表 1-1-38　主要な長調の和音機能とコード

和音機能	T	S	S	D	D
和音の種類	I	IV	II	V	V7
C（シーメジャー）ハ長調	C	F	Dm	G	G7
F（エフメジャー）ヘ長調	F	B♭	Gm	C	C7
G（ジーメジャー）ト長調	G	C	Am	D	D7
D（ディーメジャー）ニ長調	D	G	Em	A	A7
B♭（ビーフラットメジャー）変ロ長調	B♭	E♭	Cm	F	F7

5 特殊な形態によるコード

1）シックスス・コード（6th chord）

長三和音と短三和音の根音から数えて 6 度上に音を加えた（付加音）コードを、シックスス・コードといいます。

メジャー・シックスス・コード　　　マイナー・シックスス・コード
　　（Major 6th chord）　　　　　　　（Minor 6th chord）

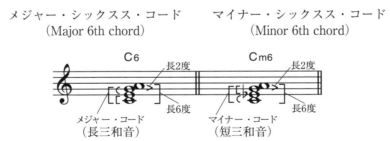

2）サスペンデッド・フォース（Suspended 4th）

sus は susupended（吊り上げる）の略で、第 3 音を 2 度高めて根音と 4 度の関係の音程をつくることを表しています。

3）アデッド・ナインス（Added 9th）

add は added（加える）の略で、三和音に根音から数えて 9 度上の音を加えたコードを表します。

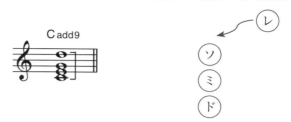

❶ 次の楽譜内の□で囲まれた和音を、コードネームに書き表しましょう。

『good morning』（イギリス曲）より

① (　　　　　　　) ② (　　　　　　　　) ③ (　　　　　　　　)

❷ ①～③のコードを実際に弾きながら、❶の曲を歌ってみましょう。

11. 移調・移旋・転調

1 移調

ときに保育の現場では、子どもたちが歌う楽曲を歌いやすい高さに変えなければならないことがあります。楽曲全体を、必要に応じてほかの調に音程関係を変えないで移すことを**移調**といいます。

移調には2つの方法があります。下記の『こいのぼり』（文部省唱歌）の旋律を例にして2つの方法で移調してみましょう。

1）方法1：調号を用いた音の高さの平行移動

①の旋律を、長2度高く移調してみましょう。長2度高くするには、それが何調になるのか考えて調号を設定し、全体を長2度上の音に移します。この場合には、原譜がハ長調なのでニ長調に移調することになります（②）。

（原譜：ハ長調）

> 原譜に♯や♭などの臨時記号がついていた場合は、臨時記号の部分を移調した調の調号に合わせて調整する。その際、原譜は♯や♭でも移調した調では♮になることもある。

2）方法2：調号を用いずに臨時記号（♯、♭、♮など）を使った平行移動（＝移高）

①の旋律を、長2度高く移調してみましょう。まず、すべての音を2度上に移調した楽譜を書きます。次に、原譜との音程が長2度（全音）の関係になるように必要な臨時記号を書き加えます。

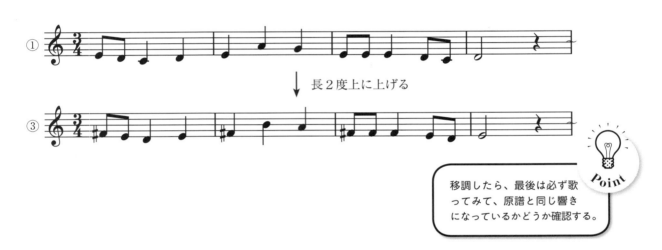

> 移調したら、最後は必ず歌ってみて、原譜と同じ響きになっているかどうか確認する。

② 移旋

長調の曲を短調に、短調の曲を長調に移し替えることを**移旋**といいます。①の旋律（ハ長調）を、同じ主音をもつハ短調に移旋してみましょう。ハ短調は♭系の調で、その調号はシ♭、ミ♭、ラ♭です。①の旋律内のミ、ラの音に♭をつけてみましょう。

> 移旋の場合は、原則、和声短音階を使う。長調から短調に変わって聴こえるかどうか、歌って確かめてみよう。音楽の様々なシーンで移旋を効果的に使うことができる。ハ長調とハ短調のように同じ主音をもった長調と短調の関係を同主調という。

❶ 次のAの旋律を日本語音名で歌ってみましょう。何調の曲ですか。

『きらきらぼし』（フランス民謡）より

（　　　　　調）

❷ Aの旋律を調号を用いて長2度（全音）上に移調した楽譜を書きましょう。次に、実際に歌って確認しましょう。何調に移調しましたか。

（　　　　　調）

❸ Bの旋律を調号を用いて短2度（半音）上に移調した楽譜を書きましょう。次に、実際に歌って確認しましょう。何調に移調しましたか。

（　　　　　調）

❹ Aの旋律の調と同じ主音をもつ短調に移旋してみましょう。次に、実際に歌って確認しましょう。何調に移調しましたか。

（　　　　　調）

❺ 次のEの旋律を調号を用いて長2度（全音）上の調に移調しましょう。次に、実際に歌って確認しましょう。何調に移調しましたか。

『森のくまさん』（アメリカ民謡）より

（　　　　　調）

*❺の移調の方法

　Eはハ長調なので、長2度上の調はニ長調になります。まず、Fにニ長調の調号を書き入れましょう。ト音記号も拍子記号ももちろん必要です。調号を書く位置に気をつけましょう。次にE全体を2度上に上げます。Eで臨時記号で♯がついている音は、Fでも♯をつけます。最後にスラーを書き入れて完成です。

❻ Fで書いた旋律を調号を用いて短2度（半音）上の調に移調しましょう。次に、実際に歌って確認してみましょう。何調に移調しましたか。

（　　　　　調）

❸ 転調

　楽曲の途中でほかの調に変わることを**転調**といいます。楽曲の途中で調が変わると、聴き手にダイナミックな展開を感じさせるため、多くの楽曲で転調が使われています。転調は2つのタイプに分けられます。

1）一時的にほかの調に変わる場合

　調号は変えずに臨時記号を用います。楽曲のなかで経過的に転調したり、短い間隔でめまぐるしく転調することもあり、楽曲を躍動的に変化させます。楽曲例：『世界中の子どもたちが』『さんぽ』『七つの子』ほか。

2）ある程度の長さをもった区間がほかの調に変わったままでいる場合

　複縦線を引いて新しい調号に変わることを示します。楽曲の中間部分などで近親調などを用いて転調することが多く、楽曲の転回を図ることができます。楽曲例：25の練習曲15番『バラード』（ブルグミュラー 作曲）ほか。

　次のモーツァルト 作曲『トルコ行進曲』（ピアノ・ソナタ第11番 K.331）の第3楽章では、イ短調で開始した楽曲が途中から同主調のイ長調に転調しています。

12. 音楽に表情をつける演奏記号

p.8 の『どんぐりころころ』で確認したように、楽譜には「こんなふうに演奏してほしい」「こんな速さで演奏してほしい」「強さをこんなふうに変化させてほしい」といった作曲者のメッセージが、様々な記号によって書かれています。

1 速度標語（速度記号）

楽曲の速さ（テンポ）を表す記号を**速度標語（速度記号）**といいます。楽曲のもつ雰囲気に楽曲の速さは大きく反映します。楽曲に適したテンポについて意識をもつことは大切です。下記は、楽曲の速さを示す様々な表示法です。

①は数字による速さの表示で、1分間に奏する拍数を示しています。♩=60 とは、1分間に♩（4分音符）を 60 回打つ速さを示し、♩=60 は時計の刻む秒針の速さと同じことになります。

②の♩=ca.60 の ca. は circa（チルカ）の略で、「およそ」の意味をもっています。およそ♩=60 の速さで演奏することを求めていて、♩=ca.60 と♩≒60 は同じ意味です。

③は言葉による表示法です。

④は言葉とメトロノーム表示の両方で、より具体的に速さを表示しています。

図表 1-1-39　速度標語

←速い　　　楽曲の速さ　　　遅い→

Presto	Vivace	Allegro	Moderato	Andante	Adagio	Largo	Lento
プレスト	ヴィヴァーチェ	アレグロ	モデラート	アンダンテ	アダージョ	ラルゴ	レント
♩=ca.184〜	♩=ca.160〜	♩=ca.132〜	♩=ca.88〜	♩=ca.72〜	♩=ca.60〜	♩=ca.48〜	♩=ca.40〜
急速に	活発に	快速に	中位の速さで	歩くような速さで	ゆるやかに	幅広くゆっくりと	遅く
極めて速く機敏な曲想	生き生きとした快活な曲想	陽気な、はつらつとした曲想。快い速さ	節度ある、適度な速さ	女性的で優美な歩行。気品ある優美な曲想	心地よく、穏やかで静かに落ち着いた曲想	のびのびと表情豊かな曲想	のろまな、気長な曲想

＊速度標語は曲の初めにつねに大文字で書く
＊Allegro moderato のように、2つの速度標語を合体させて使うこともある

♩=ca.60〜80……成人の通常時の心拍（1分間に 60〜80）
人間の心拍数に近いのは、Moderato − Andante − Adagio の範囲

1) 語尾変化による速さの変化を示す付加語

語尾を変化させて、言葉の意味を強めたり弱めたりして、速度に変化を加えるときに使います。

【言葉をより強調する】-issimo（イッシモ）きわめて……に
　例：Prestissimo（プレスティッシモ）きわめて急速に
　　　Adagissimo（アダージッシモ）きわめてゆるやかに

【言葉を少し弱める】-etto（エット）、-ino（イノ）やや……に
　例：Allegretto（アレグレット）やや快速に
　　　Andantino（アンダンティーノ）アンダンテよりやや速く

2) 速さの変化を示す標語

楽曲のテンポはつねに一定ではなく、楽曲の表情を豊かにするために途中から変更したり、細かくテンポを指定したいときに用います。

図表 1-1-40　速さの変化を示す標語

標語（略した形）	読み方	意味
ritardando (rit.)	リタルダンド	だんだん遅く
rallentando (rall.)	ラレンタンド	だんだんゆるやかに
meno mosso	メノ・モッソ	それまでより遅く
ritenuto (riten.)	リテヌート	その部分からすぐに遅くする
accelerando (accel.)	アッチェレランド	だんだん速く
stringendo (string.)	ストリンジェンド	だんだん速く急き込むように
più mosso	ピウ・モッソ	それまでより速く
a tempo	ア・テンポ	もとの速さで
Tempo primo (Tempo I)	テンポ・プリモ	最初の速さで
in tempo	イン・テンポ	一定の正しい速度で
tempo rubato	テンポ・ルバート	自由な速さで
ad libitum (ad lib.)	アド・リビトゥム	自由に
tempo giusto	テンポ・ジュスト	正確なテンポで

❷ 強弱記号

楽曲を豊かにする要素として欠かせないのが、音の強弱やその変化です。

図表 1-1-41　強弱記号

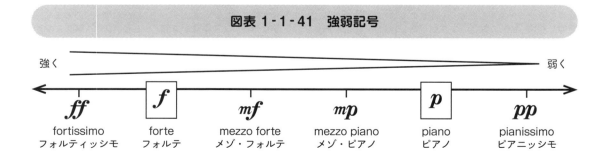

図表 1-1-42　強弱記号の読み方と意味

記号	読み方	意味
crescendo (cresc.)	クレッシェンド	だんだん強く
decrescendo (decresc.) diminuendo (dim.)	デクレッシェンド ディミヌエンド	だんだん弱く
_sf_ sforzato _sfz_ sforzando _fz_ forzato	スフォルツァート スフォルツァンド フォルツァート	とくに強く
> ∧	アクセント、アッチェント	その音をとくに強く
_fp_	フォルテ・ピアノ	強く、そのあとすぐに弱く
sfp	スフォルツァンド・ピアノ	とくに強く、そのあとすぐに弱く
subito _p_	スビート・ピアノ	ただちに弱く
subito _f_	スビート・フォルテ	ただちに強く

図表 1-1-43　速さと強弱が同時に変化することを表す標語

標語	読み方	意味
smorzando	スモルツァンド	だんだん弱くしながら、遅く ろうそくの火が消えるように
calando	カランド	だんだん遅く、弱くしていく 緊張が和らいでいくように
morendo	モレンド	だんだん遅く、弱くしていく 命が果てるように
allargando	アラルガンド	だんだん強くしながら、遅く

図表 1-1-44　速度標語や強弱記号と組み合わせて使う標語

標語	読み方	意味	組み合わせの例	
assai molto	アッサイ モルト	非常に 極めて	**Allegro assai** molto rit.	非常に速く だんだん極めてゆっくり
più	ピウ	さらに	più _f_	より強く
poco	ポーコ	少し	poco rit.	少し、次第に遅く
poco a poco	ポーコ・ア・ポーコ	少しずつ	poco a poco cresc.	少しずつ強く
sempre	センプレ	つねに	sempre _f_	つねに強く
senza	センツァ	～なしで	senza pedal	ペダルはなしで
simile	シミレ	同様に	simile _p_	同様に弱く

③ 発想記号（発想標語）

発想記号（発想標語）とは、曲想を表す記号と標語をいいます。楽曲により具体的な表情をつけ

たいときに使用する標語で、おもなものを次にあげます。

図表1-1-45　発想記号

記号	読み方	意味
agitato	アジタート	激して、興奮して
amabile	アマービレ	愛らしく
a mezza voce	ア・メッザ・ヴォーチェ	適度にやわらかな声で
animato	アニマート	元気よく、はつらつと
appassionato	アパッショナート	熱情的に
brillante	ブリランテ	輝くように
cantabile	カンタービレ	歌うように
capriccioso	カプリチオーソ	気まぐれに、狂想的に
comodo	コモド	気楽に、気ままに
con brio	コン・ブリオ	生き生きと、華やかに
dolce	ドルチェ	やわらかに、優しく、甘美に
dolente	ドレンテ	悲しげに、うるわしげに
espressivo (espress.)	エスプレシーヴォ	表情豊かに
giocoso	ジョコーソ	おちゃめに、陽気におどけて
grazioso	グラッツィオーソ	優雅に
leggiero (legg.)	レジェーロ	軽快に、軽く
maestoso	マエストーソ	威厳をもっておごそかに
misterioso	ミステリオーソ	神秘的に
scherzando	スケルツァンド	おどけて、たわむれるように
tranquillo	トランクィロ	静かに、おだやかに

4　奏法を表す記号

1）レガート（legato）・スラー（slur）

　レガートは、音と音の間を切らずに、なめらかにつなげて演奏します。スラーと呼ばれる弧線で表されることもあります。スラーは、一息あるいは一弓で音をつなげて演奏します。

> **Point**　スラーは、異なる高さの音につけられる。

2）スタッカート（staccato）

　以下の3種類あり、1音1音を短く切って演奏します。

スタッカート：通常のスタッカート

メゾ・スタッカート：少し長めに音を切って　　スタッカティッシモ：とても短く音を切って

3）アクセント（accent）

その音を強調します。

4）テヌート（tenuto）

その音を十分に保ちます。

5）タイ（tie）

同じ高さの音を結び、結ばれた音の長さを足して伸ばします。

> **Point**
> タイは、同じ高さの音につけられる。

6）フェルマータ（fermata）

その音を2～3倍ほど十分に伸ばします。

7）マルカート（marcato）

1音1音はっきりと演奏します。

8）装飾音符

旋律に美しさや個性を与えるために用います。

9）トリル（tr. trill）

「震える声」の意味で、記号のついた関係性のある2つの音を装飾します。

10) アルペジオ（arpeggio）

和音を分散して演奏します。

11) グリッサンド（glissando）

指定された音から音に向かって、指を滑らせて演奏します（p.96 参照）。

『きのこ』や『コンコンクシャン』の楽譜のなかに出てくる。

12) その他

そのほかによく出てくる奏法記号には、以下のようなものがあります。

 Ped.　　　　　　　　　　　　　ピアノのペダルを踏む

※　　　　　　　　　　　　　　　ピアノのペダルを離す（p.91 参照）

R.H.（英・独）　m.d.（伊・仏）　　右手で演奏する
L.H.（英・独）　m.s.（伊）m.g.（仏）　左手で演奏する

V　　　　　　　　　　　　　　　息つぎ（ブレス）部分を指示する

Column

メトロノーム

1812 年にオランダのビンケル（Dietrich Nikolaus Winkel, 1777～1826）が発明した速さを正しく示す機械を、1816 年にドイツのヨハン・メルツェル（Johann Mälzel, 1772～1838）が改良したものがメトロノーム（Metronom）です。

以前は手動でねじを回して使うタイプが主流でしたが、その後は電子メトロノームが現れました。現在ではスマートフォンにメトロノームのアプリを取り込んで使用している人も多いようです。楽曲のテンポを、メルツェルの M とメトロノームの M を合わせて、M.M.=120 と表記することもあります。これは、メトロノームの目盛りを 120 をさすようにしたときの速さで、1 分間に 120 拍打つ速さを表しています。

楽譜に速度の表示を初めて書き込んだのは、大作曲家ベートーヴェン（Ludwig van Beethoven, 1770～1827）とチェルニー（Carl Czerny, 1791～1857）だったといわれています。

❶ 以下の楽譜内の①〜⑲までの記号や楽語を次ページの表に書き抜き、その意味を書き入れましょう。

夕焼け小焼け

中村雨紅 作詞
草川 信 作曲

	記号や楽語の名称	意　味			
①			⑩		
②			⑪		
③			⑫		
④			⑬		
⑤			⑭		
⑥			⑮		
⑦			⑯		
⑧			⑰		
⑨			⑱		
			⑲		

❷ 次のリズム譜の楽譜内に書かれている速度標語、強弱記号、発想記号に注意して、リズムを叩きましょう。

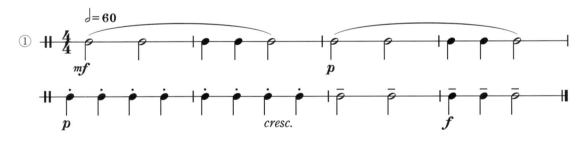

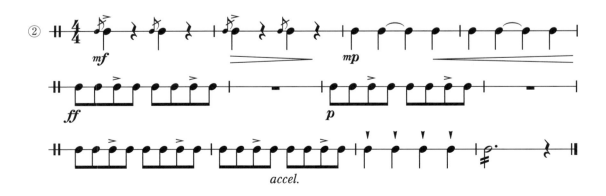

Memo

Chapter 2

子どもの歌唱のモデルとなる保育者の声・歌唱

子どもの歌唱のモデルとなる
保育者の声や歌唱は、
重要な歌唱活動の環境の1つといえます。
ここでは保育者の歌唱力を身につける方法を述べます。

1. 発声のしくみ

声は、図表1-2-1のように、**呼吸器官**、**発声器官**、**共鳴器官**（きょうめい）の各器官が機能してつくられます。呼吸器官は、横隔膜を用いた**腹式呼吸**（ふくしき）と胸郭部を用いた**胸式呼吸**（きょうしき）の両方の呼吸法により息を出し入れさせて、声をつくる原動力としての役割を担っています。この原動力を得て、発声器官が声のもととなる喉頭原音という風のような音をつくります。これが共鳴器官を通ることで、個々の特徴ある、意味のある声となります。

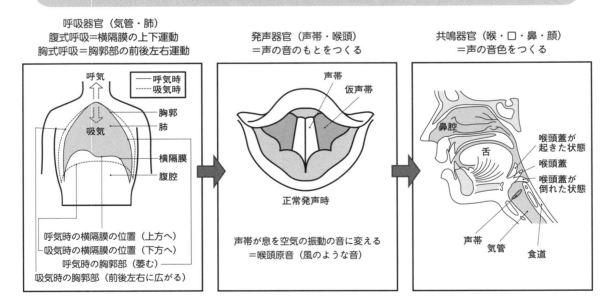

図表1-2-1　発声のしくみ

2. 身体の解放と呼吸法

図表1-2-2のように、柔軟体操をして身体を解放させ、次に全身を脱力して、下部から順に身体を起こし、**歌唱の姿勢**を整えていきます。その姿勢で腹式呼吸、それに加えて胸式呼吸を行い、両方の呼吸法を一度に用いることを実践していきます。さらに口の中を柔軟にしていき、各母音をあごの付け根や口の開き方に留意しながら発音していきます。

図表1-2-2 歌唱のための身体の解放と呼吸法

身体の解放
①身体の解放：前屈、身体振り、後屈、首回転、上下運動、2人で肩叩きなどの準備体操をする
②重心の置き方：腰―胸部―首―頭の順に身体を起こし、自然な姿勢にする

①身体の解放。2人で肩叩き

②身体の脱力

腹式呼吸と胸式呼吸
③足元を肩幅くらいに広げ、腹部に重心を置いてしっかり立つ
④口から息を長く吐いてみる
⑤腹部を内側から押すような気持ちで力を入れ、鼻から息を瞬間に吸い（このとき横隔膜は下方に下がる）、その後、息を吐く（腹式呼吸）
⑥⑤に加えて、胸部や背部も広げ、そのままの胸の広さと高さを維持しながら息を吸う、吐くを繰り返す（腹式呼吸＋胸式呼吸）
　※息は瞬間に吸い、吐く息は歌唱に応じて自在に用いられるとよい。腹部に力を入れながら口や鼻腔をスーとさせ、そうめんをすするように息を吸う運動もよい

③歌う姿勢

⑤横隔膜を用いた腹式呼吸

⑥胸郭を広げて胸式呼吸も加える

顔や口の中の解放
⑦顔の筋肉やあご、口の中を柔軟にする：ガムを噛むように筋肉を動かす。舌を上下左右に回す
⑧母音（「i・e・u・o・a」「ieuoa」）をあごの付け根や口の開け方に留意して、1音ずつ、その後、つづけて発音する

⑦口とあごの体操

Challenge 22

図表1-2-2を見て、これらの呼吸法を実際にやってみましょう。

3. 発声法

身体を解放し、呼吸法を行った後、実際に同音（ドドド）や順次進行音（ドレミレド、ドレミファソファミレド）などのフレーズと母音などを組み合わせて声を出していきます。このとき、口元だけで歌うのではなく、全身を意識して、腹式と胸式の両方の呼吸法を用いて声を出していくことを心がけましょう。

4. 歌唱表現のための楽譜の読み方

子どもとの楽しい歌唱活動を行うためには、身体の解放や呼吸法、発声法で声を整えていくことは大変重要ですが、楽譜のなかの拍子や調、楽曲形式、メロディーライン、リズム、強弱、速さなどの音楽的要素や歌詞から、歌う曲の曲想や特徴を十分理解して、整えてきた自らの声でどのように歌唱表現したいかを考えて歌唱に臨むことがさらに重要になります。

ここでは『おはながわらった』の楽譜を例にあげながら、子どもの歌の楽譜についての着目点を説明します。

❶ 拍子

まず、楽譜の拍子記号（p.28参照）を確認します。これにより、曲の特徴を見ることができます。

2拍子の曲は歩くように前に進む感じをもち、3拍子の曲ではさらに動きが広がり踊るようなイメージが感じられるでしょう。4拍子の曲は2拍子を2つ組み合わせたものですから、さらに空間の広がりを感じる安定したイメージがあります。6拍子の曲は3拍子が2つあると考えられることから、2拍子と3拍子の2つの拍子の特徴をもつ拍子といえます。

提示した『おはながわらった』は4分の2拍子です。ステップを踏むようなシンプルな動きの2拍子で表されることで、花があちこちに色とりどりに美しく、笑うように風に揺られて咲いている様子を表しています。

② 調

歌は各調により、音域の高めの歌、低めの歌という傾向を示します（p.153参照）。調性は調号と最終音で確認できることが多く、これはとても実用的な方法です。

『おはながわらった』は、調号が《シ♭》で最終音が《ファ》であることからへ長調です。音域は一点ハ音～二点ハ音です。

③ 楽曲形式

子どもの歌では、一部形式や二部形式の楽曲形式（p.16参照）が多く見られます。

1）一部形式

1つのテーマのメロディーが8小節でつくられている曲です。そのなかに短い同じメロディー（aa'）が繰り返されることが多く、または短い2つのメロディーが入っています。

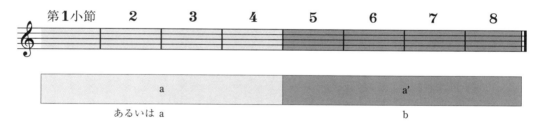

2）二部形式

A、Bの2つのテーマのメロディーが16小節でつくられている曲です。A、Bの各メロディーはそれぞれa、bの4小節の小さいメロディーからなり、それらが繰り返されて曲がつくられています。

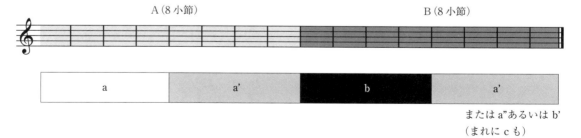

『おはながわらった』は、aa'の繰り返しのメロディーと、終わりに短いbのメロディーが入る一部形式の歌と考えることもでき、aa'bb'のb部分が省略された二部形式の歌と考えることもできます。

4 メロディーライン

　基本的に、上向形はクレッシェンド、下降形はデクレッシェンド（p.69参照）で表現するとよいでしょう。さらにメロディーの塊が高音域に移動していれば、曲の盛りあがりを示します。

　『おはながわらった』でも、各4小節のなかで2小節後半に向けて上向形のメロディーをクレッシェンドで、下降形のメロディーの4小節までをデクレッシェンドで表現すると表現豊かな歌唱になるでしょう。また、最後の4小節は6度も高い音から始まる高音域のメロディーになっていることから、曲のいちばんの盛りあがりといえます。

5 リズム

　曲ごとに、よく出てくるリズム（p.28参照）パターンが見られることがあります。曲想にもつながるため、見落とさないようにしましょう。

　『おはながわらった』では、♫♫｜♫♪♩ のリズムパターンが特徴的で、これにより咲き誇っている花々の躍動感と、そのなかでも整然と咲いている花々の2つの様子を表しているといえます。

6 強弱

　曲の強弱は、曲に表情をつくりだします。

　『おはながわらった』では、当初 *mp* から始まっていますが、高音域に移動したメロディーに *mf* の強弱記号（p.68参照）がつき、さらにいちばん高い音に再度 *f* がついています。これにより、曲のいちばんの山場がわかります。

7 速さ

　速く、中庸の速さで、ゆっくりと、だんだん遅くなど、速さを示す速度記号（p.67参照）を見落とさないようにしましょう。速さは曲想を明確に表してくれるものの1つです。

　『おはながわらった』では、とくに指示はありませんが、花が笑うようにきれいに咲いている様子をゆったりと表現するとよいでしょう。

8 歌詞

　歌唱の曲では、曲の内容を音楽的な要素のほかに歌詞で表しているところが大きな特徴といえます。歌唱では、そこから曲のイメージを広げることができます。とくに繰り返される歌詞に留意しましょう。

　『おはながわらった』では、「おはながわらった」が4回出てきます。さらに、「みんなわらった」「いちどにわらった」と、花がきれいに楽しそうに咲いている様子がよく伝わってきます。

5. 歌唱以外の声を用いた表現

声は歌唱以外にも、**ボイスパーカッション**や**ボイスアンサンブル**、**擬音語**や**擬態語**の表現など、様々な創造的な表現が可能です。

具体的には、ボイスパーカッションとは、ドラムやシンバルなどパーカッション（打楽器）の音を声や息の出し方でまねることをいいます。また、ボイスアンサンブルは、「音程を気にすることなく、短い言葉を組み合わせたリズムアンサンブルによって声を合わせる楽しさを味わうことができる活動」をいいます。

擬音語は生き物の音声や物体の音響を言語音によって表した語のことで、「わんわん」「ざあざあ」「がらがら」のたぐいをいいます。

また、擬態語は事物の状態や身ぶりなどの感じをいかにもそれらしく音声にたとえて表した語のことで、「つるつる」「ぴかぴか」「じろじろ」などがあります。これらはともに**擬声語**ともいわれ、包括的に**オノマトペ**とも呼ばれます。

ぜひ声で様々な作品を表現したり、オリジナルな作品を創作して表現しましょう。

> **アンサンブル**
> 合奏や合唱、重奏、重唱のこと。あるいはこれらの演奏団体。また、合奏や演技の調和のぐあい。

Column

ボイスアンサンブルとボディパーカッション

ボイスアンサンブルは、当時小学校の教師であった山田俊之（1956〜）が1990年代に始めたものです。これより前の1986年に、誰でも簡単にできる手拍子や膝打ち、声を用いたリズム身体表現を「ボディパーカッション」と名づけて、小学校の学級活動などで始めていました。その後、小学校や養護学校、聾学校、学童保育所などの教育現場でもボディパーカッション教育を取り入れた実践を行っています。山田の作品は、小学校や中学校の音楽科教科書にも掲載されています。

Challenge 23

『ニャニュニョのてんきよほう』を用いて、猫の声のアンサンブル曲をつくり、言葉（擬音語）のリズムアンサンブルを楽しみましょう。

『ニャニュニョのてんきよほう』 小黒恵子 作詞

ねねネコがねナニヌネノ
シッポをたてたら　いいてんきニャン
ニャニュニョニャニュニョのてんきよほう
あがりめ　まわりめ　ニャンコのめ
ニャーオオオーニャーオ

アンサンブル曲の作り方
① 5つのグループをつくります。
② 各グループに分かれて、猫の鳴き声を2種決めます（例：ニャン、ミャー）。
③ 各グループで、下記の「用いてよい音符・休符」を使い、リズム譜「つくってみよう！"猫の鳴き声アンサンブル"」のつづきにリズムを入れ、2種の"猫の鳴き声アンサンブル"をつくります。

用いてよい音符・休符

つくってみよう！"猫の鳴き声アンサンブル"

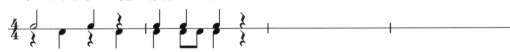

④ つくった"猫の鳴き声アンサンブル"に、決めた鳴き声を入れて練習します。
⑤ 『ニャニュニョのてんきよほう』の曲の前と終わりに各グループのアンサンブルをつなげて、『ニャニュニョのてんきよほう　猫アンサンブル』作品を演奏します。曲のイメージをみんなで考えて演奏すると楽しいでしょう。

曲のイメージ例
たくさんの猫が自慢の鳴き声を立てながら野原に集まっています。今日はみんなでワイワイと、天気を予報し合います。予報遊びが終わると、みんな鳴き声を立てながら自分の住み家に帰って行きます。

『ニャニュニョのてんきよほう　猫アンサンブル』

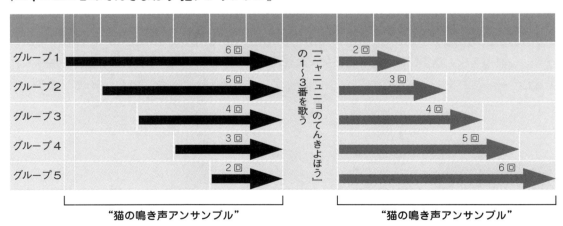

6. 言葉から歌づくり

　歌唱とは、既成曲を歌うことだけでなく、自分でつくった歌を歌うことも含みます。ここでは、言葉から歌をつくって声で表現してみましょう。

　たとえば、「りんご」や「ミッキーマウス」は以下のように、リズムを音符で表すことができます。「おーい」と呼びかけるときや「おかあさん」と甘えるときの声は以下のように、音程、リズムで表すことができるでしょう。これは実際に、『おかあさん』という曲のなかでも見られます。言葉のなかに含まれる音やリズムを、そのまま音楽として表したものはたくさんありますが、その土地の言葉や抑揚に密接に結びついているわらべうたは、その1つの例といえるでしょう（p.136、154参照）。

『おかあさん』（田中ナナ 作詞　中田喜直 作曲）より
原調：ニ長調

　このことを踏まえながら、保育の現場では、言葉のリズムや音を使って、様々に遊びを展開していくとよいでしょう。言葉をつなげていくと、歌をつくることもできます。

　次の会話をつなげて、実際に歌にしてみましょう。

　　　Ａ「ねえねえ、あいちゃん」
　　　Ｂ「どうしたの？」
　　　Ｃ「ボールでいっしょにあそぼうよ」
　　　Ｄ「いいよ、いいよ、あそぼう！」
　　　Ｅ「あそぼう！」

　Ａの音の高さ、長さを図形で表すと、次のようになります。

　同じように、Ｂ〜Ｅは次のように表すことができます。

【例1】 A〜E を合わせた楽譜

A〜E を実際に楽譜にすると、次のように表すことができます。以下のメロディーを歌ってみましょう。

【例2】 リズムアンサンブル

A〜E の言葉のリズムを用いて、以下のように2つのパートに分かれ手拍子をしましょう。様々な打楽器を使ってもよいでしょう。

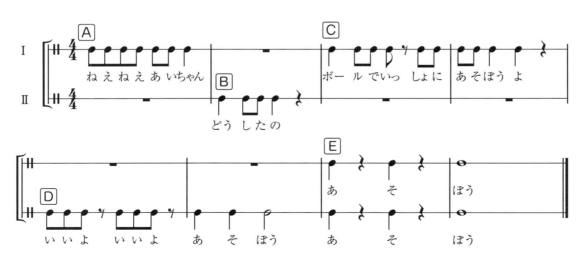

【例3】歌唱アンサンブル

【例1】を以下のように2つのパートに分けて、お互いに応答するように歌ってみましょう。

また、「ガチャガチャ」や「わいわい」「えーん」「わんわん」といった擬音語や擬態語、「カスタネット」「けしごむ」「ゴーヤ」「しょうぼうしゃ」などの名詞をランダムにつなげていくと、1つの歌になります。子どもたちから発せられた言葉に節をつけて、それらを繰り返すだけでも、歌の掛け合いになります。

Challenge 24

❶身近な言葉を音とリズムで表してみましょう。
❷友だちや先生と会話をして、出てきたセリフや言葉を歌にしてみましょう。

Chapter 3

Part 1　保育者に求められる感性・表現力・創造性

保育現場では、子どもの歌唱をリードし、多くの音楽的表現が可能な
ピアノなどの鍵盤楽器の表現や曲想に合わせた器楽表現など、
保育者の様々な器楽表現が求められています。
ここではピアノやギターを取りあげ、それらの器楽表現を考えていきます。

保育現場で求められる楽器で表現する力

1. ピアノの特徴

ピアノは最低音から最高音まで通常 88 の鍵盤（7 オクターブ（p.10 参照）と 3 音）で構成され、その周波数は 27.5～4,186Hz であり、大変広い音域をもつ楽器です。また、ささやくような小さな音から大ホールいっぱいに響く大きな音まで、幅広い音量の変化をつけることができます。同時に複数の音を演奏することができるので、ピアノ 1 台でまるでオーケストラのように表現することも可能です。演奏の仕方によっては弦楽器や管楽器のようにメロディーをなめらかに表現したり、打楽器のようにリズミカルに表現をするなど、様々な音色を表現することもできます。さらに、楽器の大きな特徴であるペダル機能を使って響きの変化をつけることもでき、幅広く豊かな表現のできる楽器であるといえます。このように、ピアノは演奏者の表現をその場で直接伝えることができ、子どもにとっては保育者の生の演奏を聴くよい機会にもなります。

一方で、ピアノは大きく重いため、持ち運びが難しかったり、楽器のよい状態を保つため定期的なメンテナンス（調律）が必要になったりもします。これらの点から、保育現場ではピアノよりも価格が手ごろで、移動が容易にでき、演奏しながら子どもと向き合うことのできるデジタル鍵盤楽器が用いられることもあります。機種によっては、自分が演奏したものを録音できる機能を備えていたり、単音を弾くと和音が鳴るもの、リズムパートを重ねて演奏できるものがあります。また、音色やテンポ、音量や音の高さを変える機能をもち、簡単に曲の雰囲気を変えて演奏することができるものもあれば、あらかじめ既成の曲が録音されているものもあります。しかし、デジタル音であるた

グランドピアノ

アップライトピアノ

86

め、ピアノよりも演奏者の細かな表現やニュアンスが音や音楽として伝わりにくい面もあります。それぞれの長所・短所を踏まえながら、環境や場面に応じて楽器を選ぶとよいでしょう。

ピアノには、平型の**グランドピアノ**と縦型の**アップライトピアノ**があります。基本的な奏法は変わりませんが、より構造が緻密なグランドピアノの方が音量や音色の変化などを豊かに表現することができます。その響きの違いから、広い部屋やホールにはグランドピアノが、狭い部屋にはアップライトピアノが置かれる場合が多く見られます。このような特徴から、保育の現場において、ピアノは子どもの表現力や想像力を促すための表現の手段として、様々な場面で用いられています。

ピアノの名前の由来

「ピアノ」という名前は、1700年初頭にイタリアで発明された当初、イタリア語で「グラヴィチェンバロ・コル・ピアノ・エ・フォルテ（gravecembalo col piano e forte）」と呼ばれました。それは、それまでに楽器のクラヴィコードやチェンバロで表現できたことを合わせもつと同時に、弱い音（ピアノ）も強い音（フォルテ）も表現することができる、といった意味に由来しています。歴史的には、これが省略されて「ピアノフォルテ」や「フォルテピアノ」と呼ばれてきましたが、現在では、さらに省略されて「ピアノ」と呼ばれることが一般的となっています。

コンピュータや電子技術が発展していくとともに、電子装置を用い、ピアノの構造や音色、タッチを模倣し再現する楽器「電子ピアノ」や「電子オルガン」、「シンセサイザー」などが発明されてきました。これら電気を用いて音をつくりだす鍵盤楽器に対し、電気を用いず、本来の楽器そのもののピアノ（グランドピアノ、アップライトピアノ）は、「アコースティックピアノ」とも呼ばれます。

保育現場でよく用いられているピアノと電子ピアノのおもな違い

	ピアノ（アコースティック）	電子ピアノ
発音原理	弦をハンマーで叩いて音を出す	電子回路を用いて音を増幅させて出す
音　色	打鍵の仕方で変えられる	楽器に内蔵された音色
音　量	打鍵の仕方で変えられる	機械操作で変えられるが、スピーカーから出すので音の広がりに欠ける
特　徴	打鍵の仕方で豊かな曲想を表現できる	自動演奏や録音機能のついたものもあり、ピッチや音程も機械操作で容易に変えられる
メンテナンス	年に1回程度の調律が必要。湿気のないところに設置する	調律は必要ないが、電気製品なので故障した場合は修理が必要

2. ピアノ奏法の基本

ピアノで豊かに音や音楽を表現するためには、ピアノという楽器のしくみを理解して適切な姿勢や奏法を知り、それに基づいた演奏をすることが大切です。

保育者に求められる感性・表現力・創造性

① 鍵盤と大譜表の相関図

ピアノの鍵盤の位置と大譜表の音符の関係は次のようになっています。

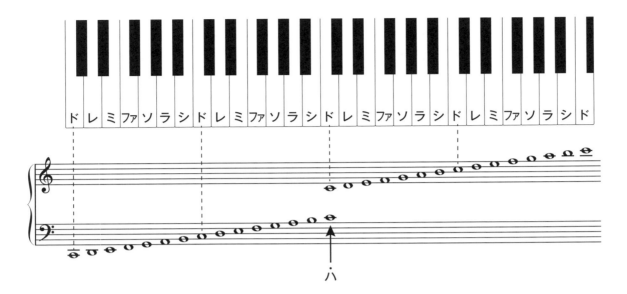

② 座る位置とよい姿勢

　鍵盤の１点ハ音の位置が自分の中心にくるように座ります。鍵盤からの距離は、高音域から低音域まで肘が楽に動かせるような位置に椅子を合わせます。

　座って鍵盤に手を置いたときに、肘から手首までが床と平行になるように椅子の高さを調整します。身体の重心が自由に動かせるように座面の前半分に腰かけ、両足をやや開いてしっかり床につけるとよいでしょう。

　背筋を伸ばして座り、肩や腕は力を抜いて自然な手指の構えで鍵盤にのせます。演奏中は手首が下がらないように注意します。

　保育現場では、子どもたちの方を見ながら弾くなど、このような状態を保てない場合も多くありますが、イメージする演奏、表現の妨げとならないような姿勢を心がけましょう。

ピアノを弾く姿勢

③ よい手の形

　腕をまっすぐ下に降ろしたときの自然な手の形を保持して弾きます。

よい手の形

4 打鍵（タッチ）の方法

　ピアノは鍵盤を打つときのスピードや指先にかかる重さによって音色や音の強弱、長短を変えることができるため、打鍵の方法を知ることは表現の幅を広げるための重要な要素となります。

　肩や腕、肘に無駄な力が入らないように、基本となるよい手の形を保ちながら打鍵します。ここでは基本的な表現の奏法をいくつか紹介します。以下のような奏法を用いると、同じ曲でも違った印象の音楽として表現することができます。

1）レガートの弾き方

　レガート（p.70参照）は、1音1音をつなげて演奏する奏法で、指を鍵盤から離さないようにして、次に打鍵する鍵盤につなげるように押し下げながら弾きます。メロディーラインをなめらかに歌うように表現できます。スラー（p.70参照）やレガートの記号で表示されることが多いです。

2）スタッカートの弾き方

　スタッカート（p.70参照）は、1音1音をつなげないで切って演奏する奏法で、音を切る長さによって表記が違います。単に短く切って弾くのではなく、曲想に合った切り方を考えて弾きましょう。

スタッカートのついた譜例

　鍵盤の上の離れたところから腕や手指を落下させて打鍵して弾むことで、少し余韻の残る音色を表現できます。また、指先を鍵盤に触れておいて軽く引っかくように打鍵して弾むことで、鋭い歯切れのよい軽やかな音色を表現できます。

メゾ・スタッカート（スラー・スタッカート）のついた譜例

　スタッカートよりも少し長めに音を切って演奏します。

スタッカティッシモのついた譜例

　スタッカートよりもさらに音を短く切って演奏します。

3）マルカートの弾き方

マルカート（p.71参照）は、鍵盤の少し上から指をしっかりと落として鍵盤を打鍵する奏法で、はっきりした音色を表現できます。とくに記号の表示はありません。

『かえるの合唱』（ドイツ民謡）を次の3つの演奏例で弾き比べてみましょう。同じ曲でも、演奏する音の高さや打鍵（タッチ）の方法を変えると、どのように違いが感じられるでしょうか。

❶ やさしく風が吹いている様子をイメージして、レガートで弾いてみましょう。強弱もつけながら演奏すると、よりやわらかに表現することができます。

❷ うさぎが元気に跳ねている様子をイメージして、スタッカートで弾いてみましょう。テンポを速くすると、急いでいる様子を表現することができます。

❸ ゴリラが威嚇している様子をイメージして弾いてみましょう。1つひとつの音を強くしっかりとマルカートに弾くことで、力強さを表現することができます。

5 曲想の表現の仕方

曲想に応じて音の強弱をつけたり、音色を変えて演奏することは、より豊かな音楽表現をするために欠かせない技術です。

楽曲にはその曲想の表現をイメージしやすいように、作曲家によっていろいろな記号が書かれています（p.8参照）。たとえば速度標語（速度記号）、強弱記号、発想記号（発想標語）などがありますが、それらに留意して作曲家の意図をくみ取りながら演奏することが豊かな表現につながります。

音色は打鍵する瞬間の指の角度、スピード、重さによって変わるので、自分のイメージした音色を表現するように身体全体、肩、腕や手首、手指をうまく使って打鍵して表現します。

大切なことは、f（フォルテ記号）だから強い音で演奏する、p（ピアノ記号）だから弱い音で演奏するのではなく、その楽曲にあった音色をイメージして演奏し、イメージ通りに表現できているのか、つねによく音色を聴きながら演奏することです。

6 ペダルの効果と使い方

ペダルの機能をうまく使うことで、表現の幅は格段に広がります。

1）ダンパーペダル

いちばん右側のペダルで、次のような効果があります。

・音を長く持続させます。
・音と音を重ねて響きをつくります。
・音の響きを増します。

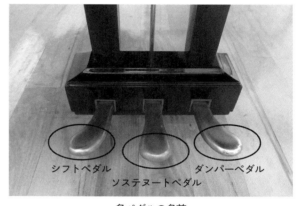

各ペダルの名前

右足のかかとを床につけたまま、親指の付け根あたりで踏みます。ペダルを使用する場合、足はつねにペダルにのせておきます。踏み込んだときも、かかとは床から離さないようにします。ペダルを踏み込んでいる状態のときに音が響き、完全に離すと響きが止まります。

音色が濁らないようによく聴きながら、踏むタイミングを調節します（基本は響かせたい音を打鍵した直後に踏み込む。打鍵と同時に踏まない）。また、底まで踏み込んだときと半分の深さまで踏み込んだときでは響き方が変わります。曲想に合わせて調節しましょう。

図表1-3-1　ダンパーペダルの使用記号

【ダンパーペダル記号の使用例】

『あめふりくまのこ』（鶴見正夫 作詞、湯山 昭 作曲）より

2）シフトペダル（ソフトペダル）

いちばん左側のペダルで、左足のかかとを床につけたまま親指の付け根あたりで踏みます。踏むとやわらかい音色になります。音色を変えたいときに使って表現します。

図表 1-3-2　シフトペダルの使用記号

意　味	踏む	離す
記　号	*una corda*	*tre corde*
読み方	ウナ・コルダ	トレ・コルデ

3）ソステヌートペダル

真ん中のペダルで、打鍵した音のみを長く持続させるときに使います。打鍵した指を離す前に踏み、踏みつづけている間は指を離しても音が持続します。ただし、アップライトピアノについているものは機能が違い、弱音になります。

7　指番号の設定と運指

指番号の設定は、なめらかに曲を演奏していくうえでとても大切な要素です。練習の最初に指番号を設定しておくとミスタッチも予防できて、楽曲のきれいな流れも表現できます。次のことに留意して設定しましょう。

図表 1-3-3　手と指番号の相関図

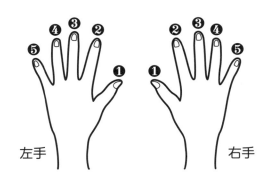

左手　　　　　右手

・黒鍵に1番や5番の指がなるべく行かないように設定します（自然な運指を妨げないように注意する）。
・1番の指のくぐりがなるべくないように設定します（1番の指のくぐりを使うときには、手指の自然な形が崩れないように注意する）。
・自分の使いやすい指を使うのではなく、音楽の流れを損なわないように設定します。

指くぐり

【指番号の設定例】

『こいのぼり』（文部省唱歌）より

　ピアノによる表現では、これまで説明した「座る位置や姿勢」「手の形」「打鍵法」「曲想の表現方法」「ペダルの使い方」「指番号」に留意して、無駄な力が入らないように自然な打鍵を心がけましょう。そして、つねに自分の出したい音色をイメージしてそれが表現できているか、よく音を聴きながら演奏することが大切です。また、よりよい表現をするためにも、指が均等に動くように、普段からよく訓練することが大切になってきます。

3. 保育現場におけるピアノの役割と表現

　保育現場において、その活動を高める効果をねらってCDやDVDを流すなど既成の音源を用いることもありますが、ピアノを用いて演奏することのよさとしては、その場で子どもと直接のコミュニケーションが図れるという点があげられます。たとえば、子どもの声の高さ、呼吸やテンポに合わせたり、その様子から音の強弱や表現方法を変えたりと、子どもに寄り添いながら演奏することができます。しかし、本来の音を間違えたり、曲の途中で止まる、弾き直すなど音楽の流れを妨げたり、その場、その時にそぐわないような音の響きを出すことは、子どもの想像力や表現を削ぐものとなってしまいます。よって、保育者は子どもの顔を見ながら臨機応変に対応するだけの余裕をもった演奏ができるように準備しておくことが大切です。

　保育現場におけるピアノの役割としては、①歌唱の伴奏として、②想像を促し、子どもの表現を導くため、③絵本や劇中の効果音として、④合奏の1パートや伴奏として、⑤活動の環境づくりとして、⑥行事での奏楽やBGMとしてなど、様々な場面があげられます。以下に、各役割で留意したい点について具体的に触れていきます。

1 歌唱の伴奏として

メロディーと伴奏を同時に演奏できるピアノは、歌の**伴奏楽器**として多く使われています。子どもがその音楽や歌詞をより感じられるように、次のような点を考えながら練習していきましょう。

1）楽譜を正しく理解すること

楽譜には、作曲者がその曲を表現するにふさわしいと考えた情報が書かれています。調性、拍子、速度標語（速度記号）、強弱記号、発想記号（発想標語）など、すみずみまできちんと確認し、それらを正確に表現できるように注意深く練習していきます。演奏する際は楽譜から読み取ったことを参考に、どのように歌いたいのか、その音楽のどのようなことを子どもに伝えたいのか、イメージを広げ、演奏の全体像を明確にすることが大切になります。

2）歌詞を理解し、適切に表現すること

歌詞やメロディーから曲想を考えて、イメージに合った伴奏を心がけましょう。元気に歌うのか、美しくきれいに歌うのかによっても伴奏のテンポや音色、リズムの表現が変わってきます。とくに、言葉の区切りに注意し、息継ぎの位置を考慮した伴奏や、文章の意味が伝わるようにフレーズを意識した伴奏を心がけるとよいでしょう。

3）音量のバランス

弾き歌いの楽譜では、右手が歌の旋律を担い、左手は和音（伴奏部分）を受けもつことが多く見られます。子どもが歌う部分である旋律がよく聴き取れるように、左右の音量のバランスに注意して演奏しましょう。

4）テンポの設定

テンポはその曲の雰囲気を考え、それに見合った速さを設定することが望ましいといえますが、年齢や発達段階に合うような曲の速さを考慮することも大切です。

5）前奏・間奏・後奏

前奏は、「これからこの歌をこんなふうに歌おう」と、その曲の雰囲気を伝えたり、テンポやタイミングを促したりと、子どもが歌う準備をする役割があります。子どもが歌いやすい演奏を心がけ、前奏がない場合は必ずつけるようにしましょう。歌の最後の部分を弾くことで、前奏の代わりにもなります。

間奏は、その歌のテンポや曲想を再確認したり、歌の雰囲気を変えるなどの効果があります。

後奏は、歌の余韻を表すことができます。その歌を元気に終わらせるのか、しっとりと終わらせるのか、その弾き方によって曲全体の印象は変わってきます。最後までていねいに演奏することを大切にしましょう。

曲によっては前奏・間奏・後奏がないものもあります。場面に応じて、それらをつけたり省いたり対応するとよいでしょう。

6）子どもに伝わる声で歌うこと

歌唱の伴奏や弾き歌いをするときには、子どもをリードするために、きちんと伝わるような声で歌いましょう。そのときに、怒鳴るような声ではなく、無理のない自然な声を心がけましょう。

7）伴奏譜の選択

弾き歌いや伴奏の楽譜を選ぶとき、原曲版を弾くことができるといちばんよいのですが、保育者の技術に合わせてその曲のイメージを十分に表現できる難易度の楽譜を選ぶことも大切です。自分の技術に対し難しいと感じた場合には、メロディーに対するコードを手がかりに音を選んだり、リズムを簡単にしたり、編曲してもよいでしょう。また、その楽譜の調性では音が高すぎる、低すぎるなど子どもの声域に合わない場合には移調をし、歌いやすい高さを考えることも大切です。

8）ペダルの使用

ペダルを使用すると、音楽の流れがより自然となり、豊かな響きが生まれることがあります。響きをよく聴き、音が濁らないように注意深く踏み替えをすることが大切です。とくに、コードが変わるときやコード内にない音が含まれるときには、タイミングを考えましょう。

楽譜に書かれていなくても、必要だと感じた場合には、ペダルをつけるとよいでしょう。

❷ 想像を促し、子どもの表現を導く楽器表現として

子どもが活動をする場合に、ピアノを効果音として使ったり即興演奏をすることで、想像を促したり、子どもの様々な表現を導いたりする役割を担うことができます。

たとえば、ボートに乗っているイメージをもってゆらゆらと揺れたり、楽しく軽快に走ってみたり、大地を感じてゴロゴロと転がったり、その時々の活動に合うように演奏の仕方を工夫するとよいでしょう。同じ音楽でも、演奏する音の高さを変えると、雰囲気が変わってきます。たとえば、低音部だと太く、大きく、強い雰囲気に、高音部だと細く、小さく、かわいらしい雰囲気を出すことができます。

【演奏例1】 ボートに乗ってゆらゆら揺れる表現活動

スラーでゆっくりとした2拍子で弾きます。

【演奏例 2】 楽しく軽快に走る表現活動

できるだけ速いテンポで軽く、スタッカート記号を生かして弾むように弾きます。

【演奏例 3】 大地を感じてゴロゴロと転がる表現活動

音が高くなるにつれてクレッシェンドをし、音が低くなるにつれてデクレッシェンドをします。

③ 絵本や劇中の効果音として

　物語の世界をより効果的に表現したり、劇中では場面転換、つなぎ、事象の表現として、効果的に用いることができます。音の高低による響きや演奏する速さ、同時に鳴らす音の数、強弱による違いを感じながら工夫し、場面に合った音づくりを考えるとよいでしょう。

【演奏例 1】 雨の音

1音ずつスタッカートで鍵盤を打鍵します（ペダルを踏んでもよい）。

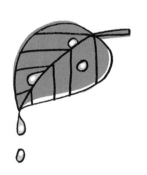

【演奏例 2】 流れ星の音

　ペダルを踏んだまま、鍵盤をグリッサンドで演奏します。音の低いところから高いところへ、あるいはその逆に弾いてもよいでしょう。

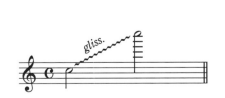

Word

グリッサンド

手の平を上にして鍵盤を爪で音と音の切れ目がないよう、流れるように滑らせて弾く奏法。手の平で弾くこともある。

【演奏例3】 ライオンの咆哮(ほうこう)
　手のひらやグーで低音域のいくつかの音を同時に強く打鍵します。

【演奏例4】 魔法をかけた音
　左手と右手を弾く位置に準備をしてから、スムーズに流れるように演奏します。始めの音はゆっくり、だんだん速く(アッチェレランド)していくとよいでしょう。

Challenge 26

p.96の「絵本や劇中の効果音として」の演奏例1〜4を実際に演奏してみましょう。各場面の演奏のイメージを広げるような演奏の仕方も考えてみましょう。

Column

ピアノを使った即興遊びの事例

　3歳のYちゃんは部屋に入ってくると床がつるつる滑ることに気がつき、上履きを脱いで靴下のままスーイスーイとスケートのように足を滑らせて遊び始めました。その様子を見ていた保育者は、ピアノで『スケーターズワルツ』のメロディーを弾き始めました。Yちゃんはその曲に合わせて気持ちよさそうにスケート遊びをしていましたが、思わず転んでしまいました。すかさず保育者は転んだタイミングで、「ジャン」と不協和音の音でそれを表現しました。Yちゃんはその音がとても面白かったのか、わざと滑っては転び、滑っては転びという遊びを繰り返しました。

不協和音

2つ以上の音が調和していない状態をさし、三和音では増三和音、減三和音、すべての七・九の和音が当てはまる。不安定で緊張を含んだ響きをもち、静かで安定した響きの協和音に向かって音を進行させようとする力をもつ。

4 合奏の1パートや伴奏として

子どもが打楽器を用いてリズム合奏をする際、パートの一部分として、あるいはピアノが伴奏的な役割として入ることがあります。その場合、テンポや曲想のリードをし、響きを安定させたり、響きを広げる役割を担います。音量のバランスやテンポを配慮しながら、まとまった響きを心がけましょう。

5 活動の環境づくりとして

午睡の前にゆったりとした音楽を演奏することで、その雰囲気を高めたり、心を落ち着かせることにつながったりもします。逆に、明るく元気のよい音楽を演奏すると、子どもの楽しい気持ちが盛りあがったりもします。

また、なんでもない場面であっても、保育者が何気なくピアノを演奏することで、子どもの音楽や楽器に対する興味や関心を引くこともできるでしょう。

6 行事での奏楽や BGM として

入園式、卒園式、生活発表会、誕生会、そのほか式典などの場面で、ピアノを奏楽として演奏したり、BGM として演奏する場合があります。たとえば、1人で独奏をしたり、あるいは2人で連弾をしたり、それ以上の人数で演奏することで、その行事を盛りあげることにつながり、より心が伝わる会にもなるでしょう。曲目も、場を考えたものを選択するとよいでしょう。

4. コード伴奏法の実践

ここでは、楽曲のメロディーに伴奏をつけるにあたって、どのような手順や方法で行っていくとよいか、具体的に触れていきます。**コード**や調性、音階の知識をしっかりと踏まえて、実践に生かしていきましょう。

1 コードづけの基本

メロディーにコードをつける場合の手順は、大きく考えると、次の①〜⑤のような流れで行っていくとよいでしょう。『ちょうちょう』『うみ』の2つを例に考えていきましょう。

1）調号がない場合　〜『ちょうちょう』を例に〜

① 楽曲の調号から調性を考える

まずは、その楽曲が何調なのか、調性を判別します。調性の判別は、楽譜上の音部記号の右隣に示されている調号を確認します。

『ちょうちょう』の場合、調号が何もついていませんので、ハ長調かイ短調の可能性があります。もし短調の場合、第7音である導音（ソ♯）が曲中に含まれていることがあります。この曲の場合それがありませんが、このことを判断基準の1つとして覚えておくとよいでしょう。

② その調の主要三和音を確認する

曲の多くは、その調の主要三和音（Ⅰ , Ⅳ , ⅤまたはⅤ7）を基本に構成されています。

ハ長調の主要三和音は、Ⅰ＝Cのコード（ド、ミ、ソ）、Ⅳ＝Fのコード（ファ、ラ、ド）、Ⅴ＝Gのコード（ソ、シ、レ）、またはⅤ7＝G7のコード（ソ、シ、レ、ファ）です。

イ短調の主要三和音は、Ⅰ＝Am のコード（ラ、ド、ミ）、Ⅳ＝Dm のコード（レ、ファ、ラ）、Ⅴ＝E のコード（ミ、ソ♯、シ）、またはⅤ₇＝E₇ のコード（ミ、ソ♯、シ、レ）です。

Ⅰ＝Am のコード　　Ⅳ＝Dm のコード　　Ⅴ＝E のコード　　Ⅴ₇＝E₇ のコード

③ 1小節ごとにコードを当てはめていく　〜跳躍進行か順次進行か〜

メロディーにどの主要三和音を当てはめると適切かを考えていきます。曲の最初と最後は、その調の主和音であることが多い傾向にあります。

まずは1小節ずつ考えていきますが、1小節1単位で考えるのに難しい場合には、小節を2分割して考える、4分割して考える、1拍ずつ考えるというように、だんだんと細かく分割して考えていくとよいでしょう。たとえば4拍子は2分音符単位で、3拍子は2分音符と4分音符単位に分けて考えていきます。

では、実際に『ちょうちょう』のメロディーを見ていきます。以下の楽譜の（A）のメロディー部分は、おもに跳躍進行になっています。跳躍進行とは、音から音がとなりの音でない音に進行している状態をいいます（p.34参照）。跳躍進行の場合、跳んでいる2ないし3つの音を集めていくと、何らかのコードである場合が多く見られます。ここではソから1つ跳びこえてミとなっていますので、これを集約するとソミとなります。主要三和音のうち、ソ・ミ2つを含むコードにハ長調のCがありますので、Cのコードを選択するとより適切だといえるでしょう。

同じように（B）の部分を見ると、ファから1つ跳びこえてレとなっていますので、これを集約するとファレとなります。主要三和音のうち、ファ・レ2つを含むコードにハ長調のGもしくはG7がありますので、どちらかのコードを選択すると適切だといえるでしょう。

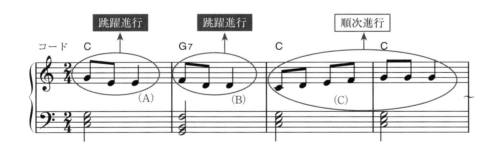

次に（C）の部分を見ていきます。（C）の部分は2小節にわたって、ドレミファソ……と順次進行になっています。順次進行とは、音が順番にとなりの音に進行している状態をいいます（p.34参照）。このとき、最初のドの音と、その次の次の音であるミ、さらに次の次の音であるソに着目します。つまり、1番目と3番目と5番目の音に着目するとよいでしょう。すると、Cのコード（ド、ミ、ソ）を選択すると適切だといえるでしょう。つまり、メロディーのなかに順次進行がある場合、1つ跳ばしてメロディーの音を集めていき、それらの音を含む主要三和音がどれかを探していきます。

このように①〜③の手順を踏んでいくと、メロディーに当てはまるコードがハ長調の主要三和音

（C、F、GまたはG7）のいずれかで成り立っており、また『ちょうちょう』はハ長調であることがわかります。

④ ピアノで弾きやすいようにコードの転回形を整える

コードづけを行って、ピアノで演奏する場合、基本形のみだと手があちらこちらへ移動して、弾きにくく感じられることがあります。また、響きがデコボコとして、自然に感じられないこともあります。よって、コード同士の位置が極端に移動しないよう、たとえば前のコードに含まれる各パートの音が次のコードでも同じ高さ、あるいは近い高さになるように、適度にコードを転回していくとよいでしょう。ただし、メロディーの響きに合うようなコードの転回形（p.60参照）を考えたとき、この限りではない場合もあります。

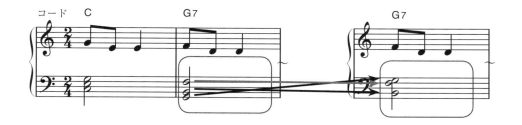

⑤ コードの形を工夫し、楽曲にふさわしい伴奏形にしていく

その曲のイメージや雰囲気を表現するために、たとえばコードを分散させたり、コードの音からどれかを選択し、一部分を使ってもよいでしょう。

伴奏形の例としては、以下のようなものがあります。

i 三和音

コードの基本の響きを明確に表すことができます。

ii 三和音のなかから単音を選択し、簡易化する

根音（コードの基本形の第1音）を選択していくとよいでしょう。三和音より音が少ないため響きがシンプルで、静かで、かわいらしい表現になるでしょう。

iii 三和音をベース音と2つの和音とに分ける

三和音よりも響きに動きが出てくるため、拍子をしっかりと刻むことができます。ステップを踏むようなリズミカルな表現になるでしょう。

iv iiiをさらに細かく分ける

リズムが細かく刻まれて、躍動感が生まれ、生き生きとした表現になるでしょう。

v 三和音を分散させて弾く

ivの伴奏形よりもなめらかな動きとなり、やわらかな雰囲気の表現になるでしょう。

2) 調号がある場合 〜『うみ』を例に〜

①楽曲の調号から調性を考える

『うみ』のように、調号に♭が1つあれば、ヘ長調かニ短調の可能性があります。いつもそうであるとは限りませんが、曲の最後の音がその調の主音であることがあるので、最後の音を判断材料の1つとして考えるのもよいでしょう。このとき、曲の終わりはファとなっていますので、ファはヘ長調の主音であり、ヘ長調の可能性が高くなります。

『うみ』(井上武士 作曲) より

②その調の主要三和音を確認する

曲の多くは、その調の主要三和音（Ⅰ、Ⅳ、ⅤまたはV₇）を基本に構成されています。

ヘ長調の主要三和音は、Ⅰ＝Fのコード（ファ、ラ、ド）、Ⅳ＝B♭のコード（シ♭、レ、ファ）、Ⅴ＝Cのコード（ド、ミ、ソ）、またはⅤ₇＝C₇（ド、ミ、ソ、シ♭）です。

ニ短調の主要三和音は、Ⅰ＝Dmのコード（レ、ファ、ラ）、Ⅳ＝Gmのコード（ソ、シ♭、レ）、Ⅴ＝Aのコード（ラ、ド♯、ミ）、またはⅤ₇＝A₇のコード（ラ、ド♯、ミ、ソ）です。

③1小節ごとにコードを当てはめていく　～跳躍進行か順次進行か～

　実際に『うみ』のメロディーを見ていきます。下の譜例の（A）のメロディー部分は、ラ・ソ・ファと3つの音が順番に並び、順次進行になっています。真ん中のソを飛びこえると、最初のラの音とその次の次の音であるファの音に集約されます。つまり、この順次進行の場合、3つ音が並んでいるので、1番目と3番目の音に着目するとよいでしょう。主要三和音のうち、この3つの音を多く含んだコードがどれか探していきます。すると、F（ファ、ラ、ド）であればファとラの2つを含むので、Fのコードを選択するとより適切だといえるでしょう。

　次に、（B）のメロディー部分を見ていきます。このメロディーは、おもに跳躍進行になっています。ここでは、レから2つ跳びこえてソ、ソから順次進行でとなりのファ、ファから1つ跳びこえてレとなっていますので、跳躍進行のレソ、ファレを集約すると、レ・ファ・ソとなります。主要三和音のうち、レ・ファ・ソ3つを含むコードはありませんが、レ・ファの2つを含むコードにB♭がありますので、B♭のコードを選択するとより適切だといえるでしょう。

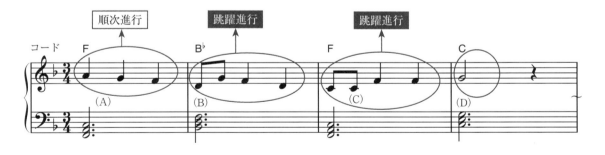

　次に、（C）のメロディー部分を見ていきます。このメロディーも（B）と同じく跳躍進行になっています。ここでは、ドから2つ跳びこえてファとなっていますので、ド・ファとなります。ド・ファの2つを含むコードはFですので、Fのコードを選択するとより適切だといえるでしょう。

　最後に、（D）部分を見ていきます。ここではソの音1つしかありません。ソを含むコードはCですので、（C）のコードを選択するとより適切だといえるでしょう。

　このように①～③の手順を踏んでいくと、メロディーに当てはまるコードがヘ長調の主要三和音（F、B♭、CまたはC₇）のいずれかで成り立っており、また『うみ』はヘ長調であることがわかります。

④ピアノで弾きやすいようにコードの転回形を整える

⑤コードの形を工夫し、楽曲にふさわしい伴奏形にしていく

2 コードづけのまとめ

コードづけは、以下のようにまとめられます。

図表1-3-4　コードづけの手順

①その曲の調性が何かを判別する
調号や曲の初め、終わりの音なども参考に考える

②その調の主要三和音（I、IV、V）を確認する

③1小節ごとにコードを当てはめていく
メロディーの進行（順次進行・跳躍進行）から、それらの音を含む適切なコードを選択

④ピアノで弾きやすいようにコードの基本形・転回形を整える

⑤コードの形を工夫し、楽曲にふさわしい伴奏形にする

Challenge 27

次の楽譜にコードネームを当てはめ、書き入れましょう。また、楽曲にふさわしい伴奏形を書き入れて演奏してみましょう。

夕焼け小焼け

草川　信 作曲

松ぼっくり

小林つや江 作曲

とんとんとんとん ひげじいさん

玉山英光 作曲

夕焼け小焼け

草川　信 作曲

5. ギターでコード伴奏

ギターは旋律から伴奏まで演奏でき、弾き歌いにも適している楽器です。しかも、持ち運びができるので、場所を問わず子どもの活動に合わせて動きながら演奏することができます。何より子どもと顔を合わせて、表情を見ながら演奏できるという利点があります。ここではコード伴奏を中心としたギターの演奏方法について学びましょう。

1 ギターの持ち方

左足を足台にのせるか左足を組み、その部分を中心にして、左手でネックを右手でギターを構えます。

図表 1-3-5　ギターの持ち方と各部の名称

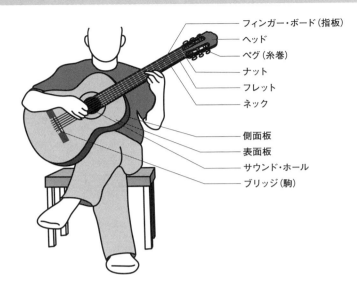

❷ 弦の押さえ方と弾き方

　左手で弦を押さえ、右手で弦を弾きます。左手は親指をネックの裏の中心あたりに添え、そのほかの指はしっかり曲げ、指板と指が垂直になるように押さえます。右手は卵をつかむような感じで手のひらを曲げ、指の腹で弾きます。

左手

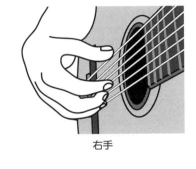
右手

❸ 指番号

　弦を押さえる左手には指番号があり、人差指が1、中指が2、薬指が3、小指が4になります。

図表 1-3-6　指番号

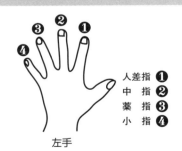
左手

❹ チューニング（調弦）

　ギターは第6弦から、ミ（E）ラ（A）レ（D）ソ（G）シ（B）ミ（E）という音になっており、演奏のたびにペグ（糸巻）で**チューニング**します。指で押さえない状態の弦を開放弦といい、タブ譜（弦楽器用の楽譜の一種、図表1-3-8参照）では○印で示されます。

図表 1-3-7　チューニング

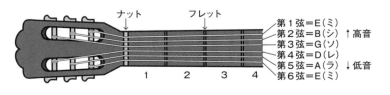

5 コード

歌の伴奏で用いることの多い、C major、G 7th、F major の**コード**について覚えましょう。F major のコードが難しい場合は、D minor、A minor のコードを代用してもよいでしょう。

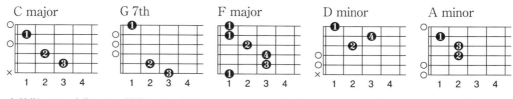

図表 1-3-8　コードの種類

Challenge 28

ギターで弾き歌いしてみましょう。

ぶんぶんぶん

ボヘミア民謡
村野四郎 作詞

大きな栗の木の下で

イギリス民謡
日本語訳不詳

Chapter **4**

Part **1** 保育者に求められる感性・表現力・創造性

保育現場では打楽器を中心とした楽器による
表現活動が盛んに行われています。
ここでは保育者として様々な楽器の発音原理や奏法、
子どもへの支援の仕方を知り、リズム感を身につけます。

いろいろな楽器や
リズムに親しむ

1. いろいろな楽器を知ろう

　楽器の音が鳴るしくみを**発音原理**といいます。発音原理をもとに楽器を分類すると、大きく分けて次の5種類になります。

　発音原理を知ることで、それぞれの楽器の特徴を生かしてその音色で遊んだり、物語の効果音や楽器アンサンブルの特徴的な音の1つとして、効果的な奏法や手作り楽器の活動に発展することができます。

❶ 体鳴楽器

　体鳴楽器とは、楽器そのものが振動して音を出す楽器をさします。振動させる方法も様々で、同じ形のものを打ち合わせる楽器、振って鳴らす楽器、撥や手で打ち鳴らす楽器、はじいて鳴らす楽器、引っかいて鳴らす楽器、こすって鳴らす楽器があります。以下に代表的なものを紹介します。

同じ形のものを打ち合わせる楽器　　　　　　　**振って鳴らす楽器**

カスタネット　　　クラベス　　　クラッシュシンバル　　シェーカー　　　マラカス

撥や手で打ち鳴らす楽器
〈音程なし〉

　　　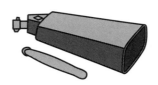　

身体　　　　シンバル　　　トライアングル　　　カウベル　　　ウッドブロック

〈音程あり〉

グロッケンシュピール

ハンドベル

シロフォン

はじいて鳴らす楽器

カリンバ

引っかいて鳴らす楽器

ギロ

カバサ

こすって鳴らす楽器

グラスハーモニカ

❷ 膜鳴(まくめい)楽器

　膜鳴楽器とは、強く張った膜に振動を与えて音を出す楽器をさします。おもに太鼓類になりますが、枠の形によって様々な種類の音が鳴ります。以下に代表的なものを紹介します。

円筒形

バスドラム

スネアドラム

鍋型

ティンパニ

樽型

ボンゴ

コンガ

枠型

タンブリン

3 気鳴楽器

気鳴楽器とは、管などに空気を送り込み、その空気の振動によって音を出す楽器です。おもにホイッスルなどがあります。以下に代表的なものを紹介します。

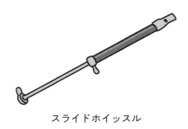
スライドホイッスル

サンバホイッスル

4 電鳴楽器

電鳴楽器とは、電気のエネルギーで音を出す楽器です。以下に代表的なものを紹介します。

シンセサイザードラム

サイレン

5 効果楽器

効果楽器は日常生活で聞こえる音を表現するための楽器で、民族楽器も含まれます。以下に代表的なものを紹介します。

サンダードラム（雷のような音を出す）

シードラム（波のような音を出す）

レインスティック（雨のような音を出す）

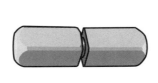
バードコールやカエルギロ（生き物の鳴き声のような音を出す）

発音原理を生かして、以下の楽器を手作りしてみましょう。作ったら、どんな音が出るか、音の出し方を工夫して、いろいろな音を楽しんでみましょう。また、『山の音楽家』や『どんぐりころころ』などの楽曲を歌いながら、それぞれの楽器を表現してみましょう。

バケツとガムテープの太鼓

叩く場所（膜の中央と端）や叩き方（手のひらや指先、スティックなど）の違いによる音色の変化が楽しめます。

作り方
① 円筒形のバケツに放射線状にガムテープを貼っていく。
② 隙間がなくなったら、側面を囲むように貼る。

ペットボトルのマラカス

中身によって音色の違いが楽しめます。

作り方
ペットボトルの中に小豆やマカロニ、木の実、ビーズ、小石などを入れる。

---

2. 子どもと楽しむ打楽器 〜楽器の特徴と奏法〜

保育現場でよく用いられているタンブリン、カスタネット、鈴、トライアングル、音板打楽器について、楽器の特徴とその奏法について学びましょう。

1 タンブリン（tambourine）

鈴のついた太鼓の一種で、膜鳴楽器に分類されます。構造は丸い枠の中に皮を張り、その枠に円盤状の鈴がついています。そのほかに皮のないヘッドレスタンブリンもあります。

タンブリン　　ヘッドレスタンブリン

1）音色

タンブリンは皮と鈴の音がバランスよく混ざった華やかな音が特徴です。とくに鈴の音色を強調したい場合は、タンブリンでロール奏法を行うかヘッドレスタンブリンを用います。

2）持ち方

枠の鈴がついていない穴の部分を左手の人差指から小指でしっかりと持ち、親指は皮の表面を押すようにして張りぐあいを安定させます。このとき、穴に親指は入れません。手首を少し低くして斜めにし、胸の位置に構えます。

タンブリンの持ち方

3）演奏方法

タンブリンの奏法には、打つ、振る、こする方法があります。

打つ場合には、軽く半円形に丸めた指先で手首を使って打ちます。鼓面の打つ場所によって、強弱を変化させます。通常は皮の中心部分を打ちますが、弱い音の場合は枠に近い部分を打ちます。そのほか、楽曲の表現に応じて、こぶしや手のひらで打つこともあります。ヘッドレスタンブリンは、こぶしを握った手首の部分で枠を打ちます。速度が速く細かいリズムの音型には、膝や台の上にタンブリンを置き、両手の指先やスティックを用いて演奏することもあります。

タンブリンの打ち方

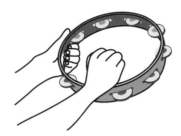
ヘッドレスタンブリンの打ち方

振る、こする奏法はロール奏法といい、枠を握った手首を細かく左右に回すようにして振り、鈴を振動させます。こする場合は、鼓面のふちの部分を親指または中指の腹で下から上にこすります。長い音や強い音では振るロール奏法、短いロールや細かいロールではこするロール奏法を用います。

振るロール奏法

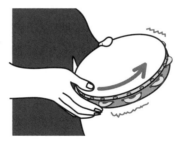
こするロール奏法

4）子どもと楽しむ場合

利き手とは別の手で穴の開いた部分を持ち、親指は枠に沿うようにし、利き手でリズムを打ちます。穴に親指を入れてしまいがちですが、怪我などの事故につながる恐れがあるので、指を入れないようにしましょう。

ロール奏法が多く出てくる楽曲では、利き手で持って演奏してもよいでしょう。タンブリンの枠は子どもの小さな手には幅が広く持ちにくいものです。導入する年齢に応じて、台の上に置いて両手で叩くなど演奏方法を工夫しましょう。

子どものタンブリンの持ち方

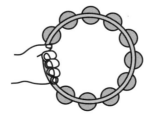
子どものヘッドレスタンブリンの持ち方

タンブリンで表現してみましょう。その際、持ち方や奏法、姿勢に注意しながら、音色の違いやよく響く音を感じて表現しましょう。リズムが叩けるようになったら、『MICKEY MOUSE MARCH』の楽曲に合わせて叩いてみましょう。

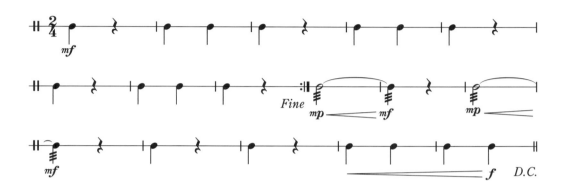

2 カスタネット（castanets）

体鳴楽器の一種で、8世紀ごろからスペイン舞踏で使用された楽器です。硬質の木をえぐったものを打ち合わせて音を出します。紐のついたものや、柄のついたもの、台の上にカスタネットをのせたものがあります。

カスタネット

柄のついたカスタネット

1）音色

木製楽器の温かい響きが特徴で、余韻が少なく歯切れのよいリズムに適しています。音量はあまり大きくないので、複数名での演奏にも適しています。

2）持ち方

左手の中指をカスタネットのゴムの輪に入れ、手のひらにのせます。このときにゴムの結び目が手の甲側になるようにします。反対の場合、楽器が手のひらに納まらず安定しません。

3）演奏方法

手首を使って、右手の指先、または手のひらで打ちます。指1本で叩いたり4本で叩いたりして、音質を変化させます。ゴムの結び目がゆるむと上下の開きが悪くなりますので、定期的にゴムの結び目やゴム自体が伸びていないか注意しましょう。

カスタネットの持ち方

4）子どもと楽しむ場合

子どもにはカスタネットの持ち方がわかりにくいため、ていねいに説明しましょう。ゴムの輪がきつかったり、ゆるくて取れたりすることもあるので、ゴムを輪にせず長めにして、親指と人差指の付け根ではさむ方法もあります。

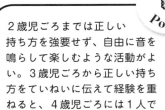

２歳児ごろまでは正しい持ち方を強要せず、自由に音を鳴らして楽しむような活動がよい。３歳児ごろから正しい持ち方をていねいに伝えて経験を重ねると、４歳児ごろには１人で正しく装着できるようになる。

説明例
「お茶碗を持つ手（利き手とは逆）のいちばん背の高いお兄さん指にゴムの輪を入れましょう。カスタネットのゴムが１本線になっている方を上にして、結び目が手のひらにくっつくようにしましょう」

次のリズム譜をカスタネットで表現してみましょう。その際、持ち方や奏法、姿勢に注意し、指の本数による音色の違いや、よく響く音を感じて表現しましょう。リズムが叩けるようになったら、『大きな栗の木の下で』の楽曲に合わせて叩いてみましょう。

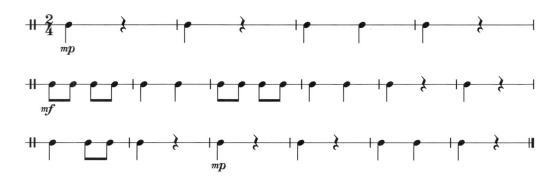

3 鈴 (sleigh bells, jingles)

体鳴楽器の一種で、割れ目のある金属製の中空の球に小さい玉が入っているものを複数集め、プラスティックの輪や木、革の紐などに取りつけた楽器です。

プラスベル

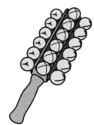
スレイベル

リストベル

1）音色

金属の華やかで美しい音色です。はっきりした細かいリズムには適しませんが、やさしく華やかな音やロール奏法では効果的です。音量はあまり大きくないので、音に厚みを出したい場合は片手に2個一緒に、または両手に2個ずつ持って演奏します。

2）持ち方と演奏方法

左手で持ち手を握り、腰の近くの高さに構えます。右手でこぶしを軽く握り、左手の手首を打ちます。

トレモロ奏では、手首を細かく振って演奏します。頭上で振ると強い音、下方で振ると弱い音が出しやすいため、腕の高さを変えて強弱をつけます。

鈴の打ち方

トレモロ奏

3）子どもと楽しむ場合

鈴は子どもにとって親しみやすい楽器です。ガラガラのように遊びのなかで用いることもよいでしょう。少し動いただけでも音が鳴ってしまいますので、楽器を配布する前に、活動のなかで鳴らす場面と鳴らさない場面を説明します。たとえば、楽器を身体につけると音が鳴らないので、「お腹（おへそ）につける」などの合図を示すとよいでしょう。

鈴を持った手を上下に振って鳴らしがちですが、音が響きにくく、リズムが鮮明ではなくなりますので、手首を打って演奏するようにしましょう。

Challenge 32

音を鳴らさない鈴回しゲームをしましょう。

ゲームのやり方
① 列または円になり、となりの人に鈴の音を鳴らさないようにそっと回します。
② 人数が多い場合、複数のグループをつくり競争してみましょう。

音を鳴らさないことを楽しむゲームを通して、音が鳴らない状況（静寂や休符）に着目することにつながり、鳴っている音に対しての集中も促します。

次のリズム譜を鈴で表現してみましょう。その際、持ち方や奏法、姿勢に注意しながら、音色の違いや、よく響く音を感じて表現しましょう。リズムが叩けるようになったら、『夕焼け小焼け』の楽曲に合わせて叩いてみましょう。

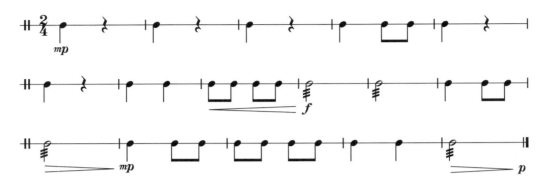

❹ トライアングル（triangle）

体鳴楽器の一種で、三角形をした鋼鉄の棒を鉄の棒（トライアングル・ビーター）で軽く打ち、振動で音を出す楽器です。

1）音色

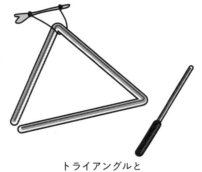

トライアングルと
トライアングル・ビーター

金属の澄んだ高い音色で、余韻が美しく遠くまでよく通ります。そのため、複数名で演奏するとうるさくなりがちです。楽器の大きさや太さによって、音高や音色が異なりますので、楽曲の雰囲気や演奏する子どもの発達に応じて楽器を選択しましょう。余韻の長い楽器ですが、クローズ奏法などは細かいリズムにも適しています。

2）持ち方

左手の人差指に紐をかけ、その下を親指と中指で押さえて楽器を安定させます。ビーターは右手の親指と人差指で軽く持ち、ほかの指を添えます。つり紐は指がトライアングルに触れない長さに調節します。紐が取れてしまいがちですが、きつく縛ると振動を妨げ、響きに影響しますので、注意しましょう。

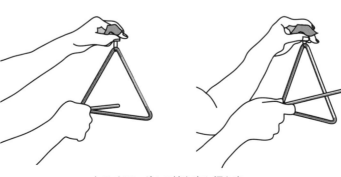

トライアングルの持ち方と打ち方

3）演奏方法

打点が見える位置（目の高さ）で持ち、右辺か底辺の中央を打ちます。打つときには、押さえつけずにビーターの重さで打つとよい響きになります。トレモロ奏では右端（A）か上部（B）を交互に細かく打ち合います。角に近い部分は弱い音、中央に近い部分は強い音が鳴り、クレッシェンドする場合には徐々に角から中央に向けて移動しながら打ちます。

休符や曲の終わりでは、トライアングルを左手で握って振動を止めます。

細かいリズムを演奏するときには、持っている手で楽器の響きを止めて乾いた音を出すクローズ奏法を用います。楽譜上では ＋ で示されます。反対に、響きを止めずに打つ奏法をオープン奏法といい、○ で示されます。

図表1-4-1 トレモロ奏

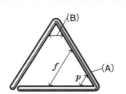

← クレッシェンド（だんだん強く）するとき
→ ディミヌエンド（だんだん弱く）するとき

4）子どもと楽しむ場合

トライアングルの音色は響きがよいので子どもはとても好きですが、持ちにくく扱いにくい楽器です。人差指の奥深くつり紐をかける、手を軽く握った中指にかけて持つなど、持ち方を発達に応じて工夫します。クリップホルダーを使用してスタンドなどに固定したり、持ち手を使用してもよいでしょう。楽器を持っている片手で音の響きを止めるのが難しい場合には、ビーターを持つ右手で握るか、トライアングル本体を身体につけて音を止めます。

持ち手を使った
子どもの持ち方

Challenge 34

次のリズム譜をトライアングルで表現してみましょう。その際、持ち方や奏法、姿勢に注意し、音色の違いや、よく響く音を感じて表現しましょう。リズムが叩けるようになったら、『きらきらぼし』の楽曲に合わせて叩いてみましょう。

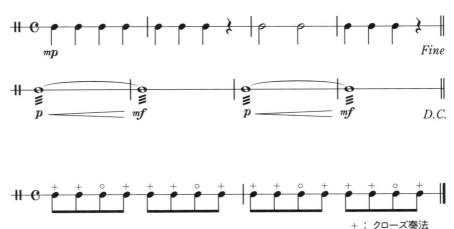

5 音板打楽器

音板打楽器には木琴類と鉄琴類があり、木琴類にはシロフォンやマリンバ、鉄琴類にはグロッケンシュピールやビブラフォンなどがあります（p.111参照）。

1）シロフォン

東南アジアが起源の楽器で、音色は鋭く歯切れがよいのが特徴です。実音は記音よりも1オクターブ高くなります。音域は、小型は1点ハ音～2オクターブ、大型はヘ音～3点ハ音までで低音域が増えます。

> **Word**
> **実音と記音**
>
> 実音とは実際に耳に聞こえる音のこと。記音とは楽譜に記されている音のこと。楽譜では五線を超える音は加線を用いるが、あまりにも加線を多く用いるような音域の場合、読みづらくなるため、実音とは異なる音（記音・記譜音）で書くことがある。

2）マリンバ

南アフリカが起源の楽器で、シロフォンの音板の下に共鳴管を備えています。共鳴管によって低音域の音が豊かになり、音域も広く深くやわらかな音色がします。音域は、小型はヘ音～3点ヘ音、大型はヘ音～4点ハ音、超大型はヘ音～5点ハ音になります。

3）グロッケンシュピール

ケースに入っており、台にのせて演奏します。オーケストラでは特殊な効果を添えるのに用いられています。小型のものは2オクターブ、大型は3オクターブの音域をもち、実音は記音より2オクターブ高くなります。子どものマーチングでは、ベルリラ（縦型のグロッケン）を使用することもあります。

4）ビブラフォン

余韻を震わすために共鳴管にファンが取りつけてあります。また、ペダルで音を止める機能がついており、特徴的な甘い音がする楽器です。

5）オルフ楽器（木琴、鉄琴、メタロフォン）

ドイツの音楽教育家のカール・オルフ（p.167参照）が考案した楽器です。演奏に使用する音だけを選んで、必要のない音板を取りはずせるようになっています。子どもが興味のままに演奏しても間違えることがなく、何度も練習する必要がないため、楽器に対する抵抗感をもたせない工夫がされています。また、本物の音色に触れて感性を広げられるよう、音色が優れています。

オルフ木琴

演奏方法

音板打楽器は立って演奏しますが、身体を固定せず、楽器に対してつねに正面になるよう移動しながら演奏します。

音板打楽器の演奏方法

楽器に適したマレット（撥）を選択し、左右交互に演奏します。左右均等の力で、ゆがんだ演奏にならないよう留意しましょう。

マレットは上からつまみ上げるようにして、人差指の第一関節と親指の先で柄の中央部をはさむように持ちます。中指以下は軽く曲げて柄に添える程度で、固く握りしめないようにします。マレットの根元が90度の角度に開くくらいで音板を打ちます。肘をせばめずに手首で打ち、音板に押さえつけないようにしましょう。左右いずれのマレットも、バーの中央に当たるように打つといちばんよい響きがします。半音のバーでは、速い音符のときに手前の先端を打つこともあります。釘の箇所は響かないので、打たないよう注意しましょう。

木琴類は共鳴が続かないため、4分音符よりも長い音符はトレモロ（ロール）で演奏します。一般にテンポの速い曲では細かく、遅い曲ではゆっくりトレモロをします。トレモロの打数や速さは、曲のテンポによって異なるため、実質的にはその音楽が示す時間的な長さの間だけトレモロをします。

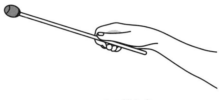
マレットの持ち方

子どもと楽しむ場合

子どもは両手で左右交互に演奏することは難しいため、利き手にマレットを持ち、片手で打ってもよいでしょう。音高の概念も曖昧なため、身体運動として具体的に覚えることもよいでしょう。何より普段の遊びのなかで、音板打楽器に親しむ機会や環境を設定しておくことが大切です。

Challenge 35

身体を使って音高を覚える「身体の音階ゲーム」をしてみましょう。
つま先から「ド」「レ」「ミ」……と音階を身体の部位に設定し、音が上がるとともに順に位置が上にいくようにします。この音階を使って、『かえるの合唱』や『きらきらぼし』などを歌い、音高を認識していきます。

保育現場の子どもの音楽的表現

Chapter 1	子どもの音楽的な表現 〜子どもの発達・表現の発達〜
Chapter 2	歌唱・声を中心とした表現活動
Chapter 3	楽器遊びを中心にした表現活動
Chapter 4	子どもの音楽的表現活動

子どもの音楽的な表現
～子どもの発達・表現の発達～

Chapter 1

保育者は、日常生活や遊びのなかなどで見られる子どもの音楽的表現を、その過程を大切にしながら認め、共感していくことが重要になります。ここでは子どもの音楽的な表現をもたらす様々な発達について述べます。

1. 子どもと表現

【事例1】
3歳児のクラスの子どもと一緒に神社に散歩に行ったときのことです。N男が竹林のそばで突然「せんせい！今日は竹やぶが怒ってるよ」と言いました。「せんせい！雲が急いでるよ！」とY子も空を指さします。クラスの子どもも口々に「ほんとだ」「すごい音だね」とじっと竹やぶを見つめたり、「どこに行くんだあー」と空に向かって走りながら叫びました。

　確かにその日はビュービューと風が強く吹き、竹のしなる音やガサゴソと笹が触れ合う音が聞こえていました。雲がどんどん流れていきます。子どもは、いつもと違う竹やぶや空の様子に心を動かされ、「今日は」「怒って」「急いで」など、知っている言葉で保育者や仲間に伝えようとしています。言葉だけではなく、「じっと見つめたり」「走りながら」など、子どもが身体でその気持ちを表していくこともわかります。

　また、ベビーカーに乗っていて、風が気持ちよく、赤ちゃんが手を伸ばし「アー、ブー」と声を出したり、よちよち歩きの子どもが前から歩いてくる子どもを見ると急にリズムを変えて急いで近づこうとしたり、言葉はなくとも子どもが身体や表情で気持ちを表している場面をたくさん見ます。大人が「そう、気持ちいいよね」とか「お友だちね、こんにちは」と言葉を添えると、キャッキャと喜び、ピョンと跳ねたりし、さらに嬉しそうにします。

　このように、子どもに心を動かされる出来事があり、それを伝えたい誰かがいることで、子どもは自分を表現していきます。内なる感動と外なる感動を伝える相手です。様々な感情体験ができることと感動を共有してくれる大人の存在、自分の気持ちと人とがつながっていく感覚が、子どもの表現する力のもとになると思われます。

【事例2】

重度の障害があり自分では身体を動かせないTは、オルゴールが大好きです。メリーゴーランドのオルゴールはとくにお気に入りで、静かな曲を気持ちよさそうに聴いています。隣家のSさんが来て「Tちゃん、オルゴール聴いているの。きれいな音だね」と言うと、足をバタバタさせます。Sさんが「あっ、新しい曲じゃない」と言うと、Tは「ふーー」と息を出しました。

音楽の特徴の1つに、発達が困難な子どもがつつまれる状況のなかで楽しめることがあります。息を出したり、ちょっとした身体の動きで活動に参加できます。歌を聴きながら身体を揺する、目を動かすなど、どこでも誰からでも表現を引きだすことのできる可能性が音楽にはあります。音楽の特徴を生かして、展開できる様々な子どもとの活動を学びましょう。

2. 子どもの遊びと表現

子どもの発達は生活と遊びを通じて、自らが環境にかかわって成し遂げられていきます。人やもの、自分が相互にかかわりをもちながら、生活しています。子どもにとっての遊びは、「自発的な取り組みで、それ自体が楽しい」ものです。生きている喜びを感じたり、自分の存在を確かめることにつながっていて、何かのために活動するのではなく、没頭できることが大切です。遊びは身体を動かし、心で感じ取る自発的な行為です。

子どもの遊びと学びは、直接的で具体的な経験がもとになります。実際に自分の身体で感じとるなかで喜びや楽しみなどの感情が育まれます。その1人ひとりの内面のイメージが外化されたものが表現であると考えられます。Acting-In と Acting-Out と考えるとわかりやすいのですが、前述したように「感動すること」と「感動を伝えたい相手の存在」が表現する力を伸ばします。

3. 子どもの発達

子どもの発達には、身体的機能・生理的機能・運動面や情緒の発達、知的発達や社会性・言葉の発達など、様々な要素が相互に関連し合い、総合的に発達するという特徴があります。その発達には、一定の順序性と方向性があります。そのため、子どものある部分だけに注目するのではなく、発達の段階を総合的にとらえて理解することが重要です。

図表 2-1-1　子どもの発育・発達の原理原則と発達の方向性

〈発育・発達の原理原則〉

①順序性：遺伝的にほぼ一定の順序で連続して進む

②方向性：頭部から尾部、近位から遠位、粗大から微細

③速度の多様性：連続した現象だが、その速度は一様ではない

④感受期（臨界期）：発育過程における決定的な時期

⑤相互性：すべての要素が複合的に作用し合う

〈発達の方向性〉

・上から下へ

・中心から末端へ

・屈曲から伸展へ

とくに子どもの発達の方向性は重要な視点です。ぜひ、子どもの動きをよく観察し、「関連している」ということを実感してください。

発達の方向性を運動発達で見てみましょう。子どもの身体・運動発達は、神経の成熟に従い、首座り・寝返り・座位・はいはい・つかまり立ち・始歩と進みます。また、身体の体幹の動きが育つと、ものを握ることができるなど、手の動きが自分でできるようになります。最初は偶然に「できた」と感じる事象かもしれませんが、子どもなりに何度も繰り返し、「〜しよう」とする意志をもっていきます。そして、大きなものをざっくりと握っていた段階から、指を使い、ものを操作するなどができていくのです。

これらは、独立した動きではなく関連したもので、運動発達は知的発達や社会性の発達とも相互に関連し合っていきます。たとえば、寝返りができるころになると、ものをしっかりつかむなど、身体・運動の発達が見られ、それとともに、気持ちをよく表すようになるとか、発声が盛んになりいろいろな声を出すとか、人に働きかけるなど、意志や気持ちの発達が対応的に見られます。

子どもの発達を月齢に従って、**身体発達**と**運動発達**、**言語発達**と**社会性の発達**の視点から関連科目でも確認し、具体的な例を思い浮かべながら学習しましょう。

4. 子どもの音を聴く力の発達

私たちや子どもを取り巻く環境には、たくさんの音が溢れています。様々な種類の音がいろいろな方向から同時に耳に入ってくることも少なくありません。私たちは音を聴き分け、目的の音を自ら選択し、会話をしたり音楽を聴いたり、自分にとって必要な情報を無意識に得ています。このような音を**聴く力**はどのように発達しているのでしょうか。

胎児のころから聴覚は機能し、胎児には母親の話す声や呼吸、血液の流れる音、消化する音などが聞こえています。子宮の中では羊水や母親の身体が機能する音によって限られた範囲の音になりますが、外の世界の音は胎児にも届いており、それを知覚し、記憶していることが研究によって示されています。とくに母親の話す声は直接届いているため、生後すぐから、**マザリーズ**（matherese）と呼ばれる赤ちゃんへ向けた養育者の音声を、好んで聴き分けるようになります。胎児は大人が呼びかける声のなかから、声に含まれる感情も知覚していることが示されています。先に述べた音を聴き分ける力は、生後すぐの段階でもある程度発揮されるようですが、はっきりと意味のある音として聴き取る力がつくのは生後6か月ごろになると報告されています。

このように子どもは生活のなかで様々な感覚を育んでいます。とくに音を聴く力は早くから発達しており、子どもにとって音の感覚を育む環境が大切であるといえます。保育現場においても、保育者が語りかける声の変化や、子どもの「声」の反応が受け取れるような環境、つまり音の環境について考えることが重要でしょう。

> **Word**
>
> **マザリーズ**
>
> 母親が乳児に語りかけるときの特徴的な語りかけ方で、「対乳児発話（IDS: infant directed speech）」や「対幼児発話（CDS: child directed speech）」と呼ばれる。やや高めの声、誇張された抑揚、ゆっくりとした語りかけが特徴で、いかなる言語圏、民族にも共通してみられる普遍的な現象。乳児の発達に応じて月齢によって語りかけ方が変化し、乳児の情動を安定させ、言葉の理解を促進する効果があることが研究によって明らかになっている。

5. 子どもの音楽的表現の発達

　子どもにとって音楽は遊びの1つです。日常の環境にあるものはどんな音がするのか、触ったり叩いたりして音高や響きの探索を楽しみます。また、自分の音声や言葉のイントネーションを変化させ、言葉から歌へ、歌から歌遊びへ発展するというような日々の遊びのなかで、様々な音楽的な感覚を獲得していきます。**音楽的表現の発達**は、生活のなかで子どもがどのように音楽にかかわっているのか、その行動や環境によって育まれていくのです。

　それでは、子どもの音楽的表現が年齢にともない、どのように現れるのか見ていきましょう。図表2-1-2は音楽的表現の発達について示したものです。

　乳児期になると、ある程度、音楽の旋律や音程、調性、リズムを知覚していることが研究によって報告されています。1歳ごろから音楽に合わせ、身体を揺すったり弾ませたりする身体的反応や、部分的に歌の表現で遊ぶようになります。3〜4歳ごろからより音楽的な表現が現れ、遊びや身体活動と関連させながら集団での音楽活動を楽しむようになります。スワンウィック（Keith Swanwick）は、0〜4歳までは感覚的に音素材とかかわりをもち、音楽を感情や気分と関連させ始めようとする時期であると述べています。また、音声や楽器で音の出し方を試したりし、楽器を操作することに興味をもつ時期としています。4〜9歳まではいわゆるでたらめ弾きやでたらめ歌いといった興味のままに楽器を弾いたり歌ったりする個人的な表現が現れ、歌の速さや音の大きさの変化を試みる時期と述べています。

　このように音楽的表現の発達は、音に対する感覚的な興味や喜びの時期から音素材を再現・操作する時期へ移行し、その後、個人的な表現が現れ、それらが音楽の構造や語法の表現に発展していきます。これらはその年齢でのみ現れるのではなく、子どもの個人的な音楽性と音楽の日常的語法の刺激によって反応を繰り返しながら、累積的かつ循環的に発達していきますが、子どもの興味や環境によって個人差が大きいため、対象となる子どもの実態を見極め、支援することが必要といえます。

図表 2-1-2　子どもの音楽的表現の発達

年齢	音楽的反応
1歳	・音楽に合わせ、身体で調子を取り、歌うようになる ・旋律は調子はずれで、音域は狭く限られている
1歳半	・自発的にハミングする ・身体全体で情動表出をし、表情豊かに喜びの表現をする ・いくつかの分節を歌い、好きな曲を繰り返し歌う ・太鼓、笛、ラッパなどに興味をもつ
2歳	・調子は合っていないが、歌の数句を歌う ・揺れるもの、ボート、ブランコのようなリズミカルな運動を好み、遊びのうちに自然に歌いだすことが多い ・飛び上がってひざを曲げたり、腕を振ったり、頭を下げたり、足踏みしたり、リズミカルな反応をする

2歳半	・楽器、CDを聴くことに強い関心をもつ
	・いくつかの歌の旋律を全部、または部分的に知って歌う
	・人前では気後れして、あまり歌いたがらない一面も出てくる
	・グループで音楽に合わせてほかの子どもを見て走ったり、ギャロップしたり、身体を揺すったりする
	・ほかの人のすることに注意し、まねをしたがる
	・シンコペーションやバンドの音楽などの特別なリズムを喜ぶ
3歳	・歌の初めから終わりまで歌えるようになる
	・音程は不十分だが、簡単な音の調子に合わせ始める
	・ある一定の音程を保てるようになる
	・歌や音楽についての興味が増し、楽器をいじったり、音楽経験を楽しむようになる
	・いろいろな種類のリズム遊びに加わるようになる
	・上手に音楽に合わせてギャロップしたり、飛び上がったり、歩いたり、走ったりできるようになる
	・いくつかの旋律をはっきりと認識できる
	・グループで一緒に歌ったり踊ったりすることに尻込みしなくなる
	・旋律よりも身体全体を使った繰り返しのあるリズムが理解されやすく、自然な形で入りやすい
4歳	・正しいピッチやリズムに近づき、声の調性を増す。1つの歌を初めから終わりまで正確に歌える子どもが多くなる
	・歌のレパートリーが増える
	・集団で歌うことにも慣れ、代わりばんこに歌って喜ぶ
	・ごっこ遊びや劇遊びの歌を非常に好む
	・遊びながら歌をつくる（短3度のバリエーションが多い）
	・楽器をいじるのを好み、ピアノの鍵を叩いて調子を合わせたり、旋律を聴き分けたりして喜ぶ
	・音楽を自己流に表現してみようとする
	・リズムに自発性が増す
5歳	・短い旋律を正しく歌える
	・音楽に合わせて手拍子を取ったり、足踏みをしたり、生き生きとした表現が見られる
	・音楽に合わせてスキップができ、片足跳びをやるようになる。リズミカルにダンスができるようになる
	・音板打楽器や打鍵楽器に興味をもつ
6歳	・合奏ができるようになる

井口太編著『新・幼児の音楽教育』朝日出版社, 2014より著者作成

6. 声と歌唱表現の発達

① 歌うとは

　人間は、呼吸器官や発声器官、共鳴器官を用いて声を出し、自分の感情や意思を他者に伝えるために言語として表現し、さらにその時々の感情を音の長短を用いたリズムや抑揚をともなったメロディーで繰り返し表現することで、**歌う**という表現を得ることとなりました。この歌うという音楽的表現こそ、子どもの音楽的行動、活動の中心なのです。

2 子どもの声域や言語、歌唱の発達

　子どもの**声域の発達**や言語の発達、**歌唱の発達**については、図表2-1-3に示しました。子どもは、言語獲得や歌唱の発達の基礎となる喃語が見られる生後2～3か月ごろから日々、成長を遂げていることがわかると思います。

図表 2-1-3　子どもの年齢ごとの声域や言語、歌唱の発達

年齢	声や言語、歌唱の発達
誕生時	・声帯の長さは2mm程度で、声の高さは1点イ音くらい（440Hz程度）
0歳	・声の高さは、ヘ音～1点ニ音くらい（200～300Hz程度）に下がる
おおむね2～3か月	・母親などの語りかけに「アーアー」や「ウーウー」という喃語で応答する
おおむね4～5か月	・母親などの歌いかけやリズミカルな声かけに手足を動かし、声を出して笑うなどの反応も見せる
おおむね7か月	・言葉の模倣期に入り、言葉の抑揚やリズムを楽しそうにまねする
おおむね1歳	・意味のわかる言葉を話したり、「ごろーん」と言いながら積み木を倒すなど、動作と声を同期するような表現が見られる ・「ばばばば」や「ぶーぶー」など繰り返して唱えるような声を出す ・母親などの歌う歌などを繰り返し聴き、身体を動かしながら音楽に合わせて声を出すようになり、音楽を楽しむような姿も見られる
おおむね2歳	・「ワンワン」や「トントン」など、生き物の鳴き声や、物音をまねする ・自分の好きな歌詞や歌いやすい旋律など、歌の一部を音程は不安定であるものの、まねたりしながら繰り返し歌う
おおむね3歳	・声帯の長さは5mm程度で、声域はイ音～1点イ音の1オクターブになる

3歳児の声域

・語彙が豊富になり、生活のなかで「シュシュシュシュ」など思いついた言葉をリズミカルに唱えたり、好きなメロディーで歌う
・歌いながら手拍子をする姿が見られる
・音程やリズムは十分ではないが、知っている歌を最初から最後まで歌える子どもが多くなる

3歳児の歌う姿

> **声域**
>
> 人が出すことのできるもっとも高い声ともっとも低い声の範囲。

おおむね4歳	・最初から最後まで正確な音程で歌える子どもが多くなり、歌のレパートリーが多くなる ・人前で歌ったり、友だちと一緒に歌うことを楽しむようになる
おおむね5歳	・声帯の長さは6〜7、8mm程度に成長し、声域はイ音〜2点ハ音と広がる  5歳児の声域 ・歌える声域が広がり、最後まで正しい音程やリズムで歌える曲が多くなる ・替え歌など、自分で工夫して歌ったり、友だちと一緒に声を合わせたり歌い合うなど、豊かな歌唱表現が見られようになる

5歳児の歌う姿

井口太編著『新・幼児の音楽教育』朝日出版社, 2014、石井玲子編著『実践しながら学ぶ子どもの音楽表現』保育出版社, 2012、木村鈴代編著『たのしい子どものうたあそび〜現場で活かせる保育実践』同文書院, 2011、米山文明解説・監修　DVD『声の発育〜美しい声を育てるために〜』音楽之友社, 2008より著者作成

7. 生活や遊びのなかでの子どもの音楽的表現

　子どもは生活や遊びのなかでたくさんの音楽的表現を育んでいます。2歳の男児Aは、電車が大好きで保育所でも電車のおもちゃでよく遊んでいます。踏切のところになると、「デヨンデヨン」と言いながら電車を動かすA。彼には一般的に表される「カンカン」ではなく、「デヨンデヨン」と聴こえているようです。Aが「カンカン」や「デンデン」ではなく「デヨンデヨン」と表現したことは大好きな電車が通過する音と踏切の警告音が大きな音で鳴り響き、あたりにその残響が残っていることまで聴き取っていることが推察されます。

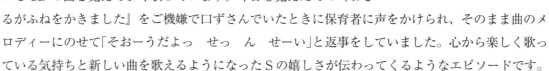

　歌が大好きな4歳の女児Sは、幼稚園に登園したときに流れているCDの曲を覚えてよく歌っています。今日も覚えたての『おさるがふねをかきました』をご機嫌で口ずさんでいたときに保育者に声をかけられ、そのまま曲のメロディーにのせて「そおーうだよっ　せっ　ん　せーい」と返事をしていました。心から楽しく歌っている気持ちと新しい曲を歌えるようになったSの嬉しさが伝わってくるようなエピソードです。

　3歳の男児Kはプレイマットの上を歩くとき、いつも跳ねるようにピョコピョコとリズミカルに歩いています。柔らかいプレイマットの感触を楽しみながら歩くと跳ねるような歩き方になるようなのですが、歩いているうちにその動きのリズムを感じ、リズムにのって動くことが楽しくなってきたのでしょう。「タ・ト・タ・ト・タトタ」と歌うように口ずさみながら、ケン・ケン・パのような動きへと変化していきました。

このように身の回りの世界に興味をもち、その子ども独自の楽しみを発見するなかで、たくさんの音楽的表現は育まれていきます。概念化されていない伸びやかで自由な音楽的表現は、あまりにも多様で子どもの気持ちや遊びとともに広がっていくため、どこまでが音楽的表現なのか迷うこともあるでしょう。音楽という枠にとらわれず、リズムやメロディーなどごく部分的な要素であっても音楽を感じる子どもの表現をそのまま受け止め、そのときの子どもの気持ち、その表現にいたる背景、子どもの音楽の経験、出来事との関連や遊びの流れなどを考慮しながら、遊びを支援していくことが大切です。そして、遊びのなかから音楽的要素を見出し、音楽的表現活動にさらに発展できるようにします。

8. クラスでの音楽的表現活動

クラスで友だちや保育者と一緒に行う音楽的表現活動（**一斉活動**）は、環境を通して行う教育の1つであるといえます。このことを歌唱活動を例にして述べると、以下のようになります。

①子どもが保育者と一緒に、春風に花が揺れる中を「きれいだね」と言って楽しそうに散歩しています。保育者はそのような子どもの実態をとらえ、「『おはながわらった』は音域もちょうどよい。今度、クラスでみんなで歌ってみたいなぁ！」といったクラス活動の構想を思い浮かべます。
②その保育者はその活動について、ねらいや内容を含めた指導計画を立てます。
③子どもの年齢やクラスの状況を見ながらその歌の歌詞を掲示する、歌詞をイメージするような絵本の読み聞かせをする、ピアノ演奏やCDをかけるなどにより、活動に向けての環境を整えます。
④その後、クラスで歌唱活動を行います。そのなかで保育者はその歌を子どもに歌ってみせます。このモデル唱によって、歌のイメージや歌い方が子どもに伝わります。子どもは友だちと一緒にその歌を聴き、まねすることで新しい歌を覚えていきます。

このように保育者が日常生活のなかで子どもの実態や発達をとらえ、環境を整え、クラスにおいて音楽的表現活動を展開していくことで、子どもは新しい歌と出会い、新たに表現を増やしていくのです。これは歌唱活動に限らず、楽器活動や音楽を用いた身体表現など、様々な音楽的表現に出会うということです。つまり子どもは新しい文化と出会い、そのなかから自らの好む表現を見つけ、表現の幅を広げていくのです。子どもは園庭に咲き誇っている花を見たときにクラスで歌ったこの歌をふと思い出し、「きれいだな」と思わず口ずさむことでしょう。

このように、クラスでの音楽的表現活動がそれぞれの子どもの日常生活の音楽的表現と行ったり来たりすることで、子どもの豊かな感性を育むことにつながるのです。ここにクラスでの音楽的表現活動の重要性があるのです。

2歳児クラス：紙コップで馬の足音遊び

2歳児クラス：手を広げてダンス

3歳児クラス：『南の島のハメハメハ大王』を踊る

5歳児クラス：『南の島のハメハメハ大王』を踊る

5歳児クラス：鍵盤ハーモニカによる活動

9. 保育における領域「表現」について

　国が幼稚園教育の方向性を定めるものとして、**「幼稚園教育要領」**があります。これは、「学校教育法」における「幼稚園の教育課程その他の保育内容に関する事項」を具体的に示しているものです。同じように、保育所の保育については**「保育所保育指針」**があります。これは、「児童福祉施設の設備及び運営に関する基準」に基づき、「保育の内容に関する事項及びこれに関連する運営に関する事項」が示されています。幼保連携型認定こども園の教育と保育については、**「幼保連携型認定こども園教育・保育要領」**があります。これは、「就学前の子どもに関する教育、保育等の総合的な提供の推進に関する法律」における「教育課程その他の教育及び保育の内容に関する事項」を示しているものです。

　それぞれ、教育および保育の基本を「環境を通して行う」としています。領域「表現」を見ると、「ねらい」や「内容」に整合性が取られているため、ここでは「幼稚園教育要領」について見ていきましょう。まず領域「表現」を見る前に、教育内容の基本を理解するために第1章の総則を見ます。

❶ 「幼稚園教育要領」第1章総則について

　第1章総則では、幼児期の教育は、幼児期の特性を踏まえ、環境を通して生涯にわたる人格形成の基礎を培うものであることが示されています。また、幼児の主体的な活動を促すこと、遊びを通しての指導を中心とすること、幼児1人ひとりの特性に応じ、発達の課題に即した指導を行うこと、計画的な環境構成をすることなど、幼児期の教育の重要な視点が示されています。また、大きな特徴として、知識及び技能の基礎や思考力、判断力・表現力等の基礎、学びに向かう力・人間性といった幼稚園教育においてはぐくみたい資質・能力「幼児期の終わりまでに育ってほしい10の姿」が示されています。

❷ 「幼稚園教育要領」領域「表現」について

　領域「表現」の「ねらい」は、「表現」の目標を達成するための具体的な幼児の資質、能力とその幼児の生活する姿からとらえたものであり、「内容」は「ねらい」を達成するために保育現場で実践して欲しい活動内容を示しています。「内容の取り扱い」では、「風の音や雨の音，身近にある草や花の形や色など自然の中にある音，形，色などに気付くようにすること。」など、具体的な内容が示されています。

図表 2-1-4 「幼稚園教育要領」領域「表現」

〔感じたことや考えたことを自分なりに表現することを通して，豊かな感性や表現する力を養い，創造性を豊かにする。〕
1 ねらい
（1）いろいろなものの美しさなどに対する豊かな感性をもつ。
（2）感じたことや考えたことを自分なりに表現して楽しむ。
（3）生活の中でイメージを豊かにし，様々な表現を楽しむ。
2 内容
（1）生活の中で様々な音，形，色，手触り，動きなどに気付いたり，感じたりするなどして楽しむ。
（2）生活の中で美しいものや心を動かす出来事に触れ，イメージを豊かにする。
（3）様々な出来事の中で，感動したことを伝え合う楽しさを味わう。
（4）感じたこと，考えたことなどを音や動きなどで表現したり，自由にかいたり，つくったりなどする。
（5）いろいろな素材に親しみ，工夫して遊ぶ。
（6）音楽に親しみ，歌を歌ったり，簡単なリズム楽器を使ったりなどする楽しさを味わう。

文部科学省「幼稚園教育要領 第2章 ねらい及び内容」，2017

1) 内容（1）（2）（3）（4）について

日常の生活のなかには、鳥のさえずり、波の音、風の音などの自然の音やパトカー、ヘリコプターなどの人工の音、包丁で食材を切る音、赤ちゃんの泣き声などの人間が出す生活の音など、様々な音があります。子どもは、それらの音を「面白い！」や「きれいだ！」「かっこいい！」などと感じるでしょう。また、子どもが長靴をはいて水たまりで遊んでいるとき、遊びから出てくる音を面白く感じ、「がぼがぼ」や「ちゃぷちゃっぷ」などと口ずさみ、その遊びの楽しさとともに自分でつくった音の楽しさに声を大きく何度も何度も歌うということがあるでしょう。このように生活のなかで体感したことの思いが言葉になり、歌になり、子どもにとっての音楽となるのです。また、カエルやかたつむり、子犬など、子どもが日ごろから見かける生き物の動きに興味をもち、イメージを広げて「ぴょんぴょん」や「のそのそ」「と

ことこ」などの言葉として、それが身体表現となっていきます。さらに、雨の細かい音を感じ、「しとしと」と口ずさみ、そのイメージをさらに広げてマラカスでの楽器表現となっていきます。

このように五感を通して自然の美しさや生活のなかから受けた思いや感じたことを音楽的な様々な表現で表し、それらを友だちや保育者と共有し、楽しさを味わうことが活動に求められています。保育者はこれらの活動を実現するために、子どもの事態を理解しながら適切な環境構成をしなければなりません。

また、子どもは感じたこと、考えたことを思うままに表現します。つまり個々の子どもなりの独自の音楽的な表現として、歌ったり、身体を動かしたり、楽器で音を出したりして表現するということです。保育者は子どもが様々な表現を楽しむことができるように、子どもの素朴な表現を受け止め、子どもの思いに共感することが大切になります。

2）内容（5）（6）について

子どもは楽しいことが大好きです。どんな音が出るか、ものや楽器の素材や音色に興味をもち、音を出す、好きなリズムで遊ぶ、好きな歌を歌う、遊びながら替え歌を歌う、聴こえてきた音楽に合わせて身体を動かすなど、個々の子どもが様々な音楽的な表現をして楽しみます。

保育者はこのような音楽的な表現活動が展開できるように、子どもの発達や実態を前提に、音や音楽で遊んだり、音や音楽を聴くことのできる環境を整えることが大切です。また、子どものあるがままの表現を受け止めるとともに、友だち同士で表現し合う環境やその活動の過程を大切にして、多様な自己表現を楽しめるような工夫をすることが大切です。

Memo

Chapter

1

子どもの音楽的な表現

Chapter 2

保育現場の音楽的表現活動では、歌唱活動が盛んに行われています。
歌唱活動は、楽器活動や身体表現活動へも展開する
中心的な音楽的表現活動です。
ここではその支援の仕方について述べます。

歌唱・声を中心とした表現活動

1. 子どもの歌と歴史

ここでは、保育現場で歌われる**子どもの歌**のなかでも、とくにわらべうた、唱歌、童謡といわれる歌のジャンルの概要について触れていきます。子どもたちがより楽しく自然に歌に親しめるように、場面や状況に応じて実践できるよう多くの歌を知り、その遊び方についても理解を深めておくとよいでしょう。

1 わらべうた

わらべうた（p.154 参照）とは、伝承童謡ともいい、地域や家庭、日常生活のなかで、あるいは遊びのなかで自然発生的に生まれ、人から人へ口伝えによって歌い継がれてきた歌のことをいいます。その曲が生まれた年や作詞者、作曲者が明確でないことが多く、歌い継がれるなかで言葉や旋律、リズムなどが変化したり、同じ曲であっても地域によってそれらが違っている場合もあります。つまり、その土地の言葉や抑揚、文化とも関係が深いともいえるでしょう。

わらべうたは歌遊びであり、歌単独で歌われるというよりも、日常生活のなかのあやすなどの行為や手合わせ、数を数えるなどの動きをともなって歌われます。1人で遊んだり、2人組で遊んだり、集団で遊んだりと形態も様々です。遊ぶなかでは、歌や遊びがアレンジされることもしばしば見られます。

音楽的には、その旋律はおもに五音音階（p.50 参照）でできており、そのうちの2音だけ、3音だけを使ってつくられた歌も多くあります。その歌の中心となっている音やその歌の終わりの音のことを核音（p.156 参照）といいます。2音からできている歌の核音は、2つの音のうち、高い方の音であることがほとんどです。

五音音階

2音の旋律でできたわらべうた『ゆうやけこやけ』

3音の旋律でできたわらべうた『なべなべそこぬけ』

　わらべうたのリズムは、その動きやしぐさと合うような拍感をもっていたり、その多くが2拍子です。わらべうたは、その国の母国語をもととして世界各国に存在しています。たとえば、イギリスの伝承童謡集マザーグースには、『きらきらぼし』や『メリーさんのひつじ』などがあります。

図表2-2-1　様々なわらべうた（一例）

遊ぶ場面や遊び方	曲名
寝かせ歌・子守唄	『江戸の子守唄』『でんでん太鼓』『ねんねんねやまの』『おやゆびねむれ』
手合わせ	『お寺のおしょうさん』『十五夜さんのもちつき』『おせんべいやけたかな』
顔を使った遊び	『あがり目さがり目』『ちょちちょちあわわ』『だるまさん』
道具を使った遊び	『ジージーバー』（布）『ゆうびんやさん』（なわとび）『あんたがたどこさ』（ボール）
数え歌	『いちじくにんじん』『一羽のからす』『いちにさんまのしっぽ』
絵描き歌	『ぼうがいっぽんあったとさ』『にいちゃんが』『へのへのもへじ』
鬼遊び	『かごめかごめ』『鬼さんこちら』『あぶくたった』
じゃんけん	『じゃんけんぽっくりげた』『グリコ』『おちゃらか』
2人組や集団で遊ぶ身体を使った遊び	『ひらいたひらいた』※　『おちゃをのみにきてください』『なべなべそこぬけ』

※2008（平成20）年発行（現行）および2017（平成29）年3月告示
（平成32年4月1日施行）の「小学校学習指導要領」第1学年の歌唱共通教材曲
（p.141コラム参照）

❷ 唱歌

　唱歌という名称は、1872（明治5）年に明治政府によって学制が発布されたときの小学校の教科の1つとして使われていました。これは後の音楽科といわれる教科にあたります。けれども、当初はその実施に対して体制が整っておらず、「当分之ヲ欠ク」とされていました。また、唱歌はそこで歌われる歌の名称としても用いられていました。

さらに1879（明治12）年に音楽取調掛が設置されると、伊沢修二とメーソン（L. W. Mason）らが中心となって、官製の唱歌教科書として最初の『小学唱歌集（初編〜第3編、1882〜1884）』が編集されました。収載の曲はアメリカやスコットランドなどの外国曲をもとにしたものがほとんどでした。その後、民間の出版社からも様々な唱歌集が出版されるようになります。

やがて、言文一致運動の影響を受け、1900年代に入ると、子どもでもわかる口語体の詩でつくられる言文一致唱歌が盛んにつくられるようになりました。たとえば、東くめ 作詞、滝 廉太郎 作曲の曲には『お正月』『水あそび』『鳩ポッポ』などがあります。これらの曲の音階は、第4度と第7度の音を抜いた、いわゆるヨナ抜き音階（p.51参照）が主となっていました。文部省は1910（明治43）年に『尋常小学読本唱歌』を刊行し、その後も唱歌集を刊行していきました。現在、文部省唱歌といわれるものは、このときから1944（昭和19）年までに文部省が編纂した教科書に掲載された歌をさします。

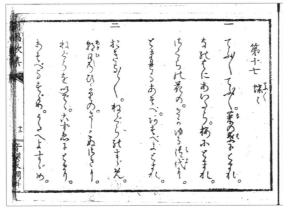

資料提供：国立国会図書館

図表 2-2-2　様々な唱歌　〜文部省唱歌の一例〜

曲名	作詞者	作曲者	取り扱う学年※
『うみ』	林 柳波（はやし りゅうは）	井上 武士（いのうえ たけし）	第1学年
『かたつむり』	―	―	第1学年
『日のまる』	高野 辰之（たかの たつゆき）	岡野 貞一（おかの ていいち）	第1学年
『かくれんぼ』	林 柳波	下総 皖一（しもふさ かんいち）	第2学年
『春がきた』	高野 辰之	岡野 貞一	第2学年
『虫のこえ』	―	―	第2学年

※ここでは2008（平成20）年発行（現行）および2017（平成29）年3月告示（平成32年4月1日施行）の「小学校学習指導要領」第1〜2学年の歌唱共通教材曲のうち、文部省唱歌を取りあげた（p.141コラム参照）

3 童謡

童謡の誕生は、1918（大正7）年に鈴木三重吉、北原白秋が中心となって創刊した児童芸術雑誌『赤い鳥』に曲を発表したことに始まるといわれています。また、この雑誌の刊行を機に起こった運動を童謡運動といいます。『赤い鳥』を刊行するにあたって、鈴木三重吉は「藝術味の豊かな、卽ち子供等の美しい空想や純な情緒を傷つけないでこれを優しく育むやうな歌と曲とをかれらに與へてやりたい」（引用：西条八十『現代童謡講話』新潮社, 1924, p.10）と考えていました。『赤い鳥』で発表された代表的な曲のなかには、西條八十 作詞、成田為三 作曲の『かなりや』や北原白秋 作詞、成田為三 作曲の『赤い鳥小鳥』があります。

『赤い鳥』刊行後には、次々と『金の船（のちに金の星と改称）』『コドモノクニ』などの雑誌が刊行されていきます。さらに、第二次世界大戦後にはNHKラジオの番組「歌のおばさん」をきっかけに新しく運動が起こり、ラジオやテレビなどの子ども向けの番組を通して、多くの子どもの歌が生まれてきました。

童謡という言葉が意味するものには、大正時代の童謡運動で子どもが歌うことを目的としてつくられた歌（創作童謡）をさすこともあれば、伝承童謡であるわらべうたも含めて、子どもの歌その全体をさすこともあります。

資料提供：日本近代文学館

図表 2-2-3　様々な童謡（一例）

歌の題材や場面	曲名	作詞・訳詞者	作曲者
生き物	『赤い鳥小鳥』	北原 白秋	成田 為三
	『赤とんぼ』	三木 露風	山田 耕筰（こうさく）
	『あめふりくまのこ』	鶴見 正夫	湯山 昭
	『犬のおまわりさん』	佐藤 義美	大中 恩（おおなか めぐみ）
	『おつかいありさん』	関根 栄一	團 伊玖磨（だん いくま）
	『かえるの合唱』	岡本 敏明	（ドイツ民謡）
	『かなりや』	西條 八十	成田 為三
	『かわいいかくれんぼ』	サトウ ハチロー	中田 喜直
	『ことりのうた』	与田 準一	芥川 也寸志（あくたがわ やすし）

	『ぞうさん』	まど・みちお	團 伊玖磨
	『ちょうちょう』	野村 秋足（1番のみ）	（ドイツ民謡）
	『とんぼのめがね』	額賀 誠志	平井 康三郎
	『七つの子』	野口 雨情	本居 長世
	『ぶんぶんぶん』	村野 四郎	（ボヘミア民謡）
	『森のくまさん』	馬場 祥弘	（アメリカ民謡）
	『やぎさんゆうびん』	まど・みちお	團 伊玖磨
	『山の音楽家』	水田 詩仙	（ドイツ民謡）
植物	『大きな栗の木の下で』	不詳	（イギリス民謡）
	『おはながわらった』	保富 庚午	湯山 昭
	『チューリップ』	近藤 宮子（1番のみ）	井上 武士
	『どんぐりころころ』	青木 存義	梁田 貞
	『松ぼっくり』	広田 孝夫	小林 つや江
遊び	『アルプス一万尺』	不詳	（アメリカ民謡）
	『あくしゅでこんにちは』	まど・みちお	渡辺 茂
	『幸せなら手をたたこう』	木村 利人	（アメリカ民謡）
	『すうじのうた』	夢 虹二	小谷 肇
	『バスごっこ』	香山 美子	湯山 昭
	『むすんでひらいて』	不詳	ジャン＝ジャック・ルソー
季節・行事	『一年生になったら』	まど・みちお	山本 直純
	『うれしいひなまつり』	山野 三郎	河村 光陽
	『お正月』	東 くめ	滝 廉太郎
	『思い出のアルバム』	増子 とし	本多 鉄麿
	『たなばたさま』	権藤 はなよ／ 林 柳波（補詞）	下総 皖一
その他	『大きな古時計』	保富 庚午	ヘンリー・クレイ・ワーク
	『きらきらぼし』	武鹿 悦子	（フランス民謡）
	『しゃぼんだま』	野口 雨情	中山 晋平
	『とけいのうた』	筒井 敬介	村上 太朗
	『ニャニュニョのてんきよほう』	小黒 恵子	宇野 誠一郎
	『夕やけこやけ』	中村 雨紅	草川 信

2008（平成20）年発行（現行）および2017（平成29）年3月告示（平成32年4月1日施行）の「小学校学習指導要領」第2学年の歌唱共通教材曲（p.141コラム参照）。曲名の表記は要領に準ずる

日本の歌に親しむ　〜小学校を見据えて〜

　2017 (平成29) 年3月告示の新しい「幼稚園教育要領」では、領域「環境」の内容に、初めて「わらべうた」の文言が取り入れられました※。遊び歌であるわらべうたは、歌という音楽的な面や身体を使いながら遊ぶことを考えれば領域「表現」、「身体」であるともいえますし、人から人へ伝えられ、人とかかわりながら行うことを考えれば領域「人間関係」、歌詞や言葉を含むことから領域「言葉」であるともいえます。つまり、わらべうたは、五領域にまたがり、子どもの育ちを総合的に育むことのできる適切な教材であるといえるでしょう。さらにいえば、教育要領における「幼児期の終わりまでに育ってほしい姿」の内容につながるものと考えられます。

　また、「小学校学習指導要領」では取り扱う教材が設けられていますが、音楽科においては、各学年の共通教材を含め、わらべうた、唱歌、童謡など日本の歌を取り扱うよう示されています。それは、日本の歌が人々の生活や心情と深いかかわりをもち、世代を超えて受け継がれてきた日本の文化であること、季節や自然をいとおしんできた日本人の感性が息づいている音楽であることから、児童にとって豊かな表現を楽しめるものとして重きをおかれていると考えられます（文部科学省「小学校学習指導要領解説音楽編」2017,p.116）。

　「小学校教育要領」には、小学校と幼稚園との接続において「幼児期の終わりまでに育ってほしい姿」との関連を考慮するよう示されていますが、以上のような特徴をもつ日本の歌、とくにわらべうたは、子どもにとって無理のない、その橋渡し役となり得るでしょう。小学校を見据え、幼小連携を考えながら、子どもと様々な歌に親しんでいきましょう。

※「文化や伝統に親しむ際には、正月や節句など我が国の伝統的な行事、国歌、唱歌、わらべうたや我が国の伝統的な遊びに親しんだり、異なる文化に触れる活動に親しんだりすることを通じて、社会とのつながりの意識や国際理解の意識の芽生えなどが養われるようにすること」（文部科学省「幼稚園教育要領」第2章ねらい及び内容 環境 3内容の取扱い(4),2017）

2. 子どもにとっての歌唱の意義とその支援

　子どもにとって歌うということは、遊びや生活のなかでその時々に思ったことやイメージしたことを自分でつくった簡単なメロディーにのせて歌うことであったり、そのときの自分の気持ちに合わせて替え歌にして歌うこと、クラスで保育者や友だちと一緒に新しい歌を歌うことだったりします。つまり、子どもにとっては、歌うことは自身の表現の1つであり、それは楽しい遊びであり、生活そのものなのです。

　また、歌うという活動は社会学的方面から考えると、保育者や保護者など大人から子どもへ文化を伝えるということにもなります。さらに、子どもの身体表現や楽器表現、音楽ゲーム、環境音楽へと表現活動を広げる基礎という考え方もできます。子どもが歌を口ずさみ、心や身体に定着させることで、いろいろな表現遊びに遊びを広げていけるということです。心理学方面から考えると、

保育者や保護者など大人と一緒に歌うことを通して、子どもは大人からの愛情を感じ、安心して、様々な表現活動への心を向けていけるといった側面ももちます。

保育者はこのような多くの意義をもつ子どもの歌うという行為や活動を保障するために、生活のなかから発信される子どもの歌唱について、環境を通して共感しながら支援していくことが必要です。また、自身の身体が楽器となる歌唱において、子どもが自身の身体や声について目を向け、身体や声を大切にして歌を歌っていく意識を育てることも重要です。

そこで、ここでは、①子どもが自らの身体を意識した活動、②初めての曲に取り組む歌唱活動、③視聴覚的教材による歌唱活動の導入、④歌い慣れた時期の歌唱活動、⑤歌唱活動における環境、⑥子どもの歌唱の実態と保育者の支援、を学んでいきます。

Challenge 36

以下の実践を通して、歌が心や身体に定着していると身体表現や楽器表現に容易につながることを感じてみましょう。

❶『かえるの合唱』の楽曲を用いて、輪唱（p.22 参照）をしてみましょう。
❷ 歌詞に合わせて身体表現を考えて、動きのカノン（p.22 参照）にして表現してみましょう。また、カエルの鳴き声の代わりにほかの生き物の鳴き声を考えて、カノンで表現してみましょう。
❸ 鳴き声のリズムを楽器に代えて、カノンで表現してみましょう。

かえるの合唱

岡本敏明 日本語訳
ドイツ民謡

1 身体を意識した活動

歌唱は喉や口元だけを使うのではありません。身体全身を使って声を出し、歌うのです。そこで、子どもの歌唱でも、図表 2-2-4 に示すように、まず歌唱活動に入る前に遊び感覚で身体を柔軟にする動きをしたり、子ども自身が自分の身体の部位を感じることが大切です。口や鼻から息の出し入れをして、これが声や歌唱の力の源になることを伝えましょう。さらに、口元や口の中も柔軟にする動きを遊び感覚でするとよいでしょう。年中や年長クラスになったら、口の体操として、各母音によって口の形を変える遊びなどを取り入れてもよいでしょう。このような活動は、怒鳴り声や無理な声の出し方などを防ぎ、子どもの声のケアにつながることになります。

図表 2-2-4 自分の身体を意識した動き

身体の解放
①背伸びをして巨人になってみましょう
②身体を前に振ってブランコになってみましょう
③身体の上半身を回してブーメランを飛ばしましょう
④2人組で座って舟漕ぎをしてみましょう
⑤『なべなべそこぬけ』で上半身をほぐしましょう

①背伸びをして巨人になろう

②身体を前方に振ってブランコ

③上半身を回してブーメラン

④2人で舟漕ぎ

⑤2人で『なべなべそこぬけ』

身体を感じる
⑥足を肩幅くらいに開き、リラックスして立つ
⑦「みんなの身体はあやつり人形です。でも糸が切れてしまい、身体がぐったりしてしまいました。身体をブランブランにして、ぐったりしたあやつり人形になってみましょう」と声をかけて、上半身を前屈して、立っている足や腰以外を脱力する
⑧「あやつり人形の糸が引っ張られて、お人形の身体が下から1か所ずつしっかり起きていきます。さあ、やってみましょう！」と声をかけて、糸が切れてぐったりしているあやつり人形が上から糸を1本ずつ引っ張られることで生き生きとした人形になっていくように、身体を腰－胸部－首－頭の順に起こして歌う姿勢にしていく
⑨腹部に力を入れる
⑩口や鼻を使って息の出し入れをして、息のポンプで声が出ることを伝える

⑦あやつり人形の糸が切れて脱力

口の体操
⑪「今日はみんなにオレンジ味やイチゴ味、チョコレート味のガムを配ります。みんなガムをお口に入れてよく噛みましょう」と言って、ガムを噛むように口をモグモグさせたり、舌を口の中で回すなどして、口元や顔を柔軟にする
⑫母音をそれぞれの口の形の特徴に留意して、口を開けて発音する

⑪ガムを噛むように口の体操

⑪舌を回し、口も脱力

⑫i＝口をあまり開けない

⑫e＝iより口の中を横に開ける感じ

⑫u＝あごを楽にし、口を少し尖らせる

⑫o＝uより唇を尖らせる

⑫a＝唇を丸くし、笑うような形にする

2 初めての曲に取り組む歌唱活動

子どもがその曲を好んで楽しく歌うようになるために、初めての歌を歌う活動は重要な意味をもちます。ここでは、初めての曲に取り組む歌唱活動の基本を見ていきましょう。

1）教材の選択

ここでは、まず保育者が季節や行事、自然、子どもの日常生活や遊びを踏まえながら、子どもがどのような事象に興味をもっているか、それによってどのような歌を伝えたいかを考え、子どもと一緒に歌う教材を選曲します。その際、p.129のような子どもの声や歌唱の成長を踏まえて選曲することも必要となります。

Challenge 37

季節の歌、行事の歌、自然の歌、遊びの歌を4つずつ書きだしてみましょう。また、それらを歌ったり、実践してみましょう。

季節の歌

（　春　　　　　　　　　　夏
　　秋　　　　　　　　　　冬　　　　　　　　　　　）

行事の歌

（　　　　　　　　　　　　　　　　　　　　　　　）

自然の歌

（　　　　　　　　　　　　　　　　　　　　　　　）

遊びの歌

（　　　　　　　　　　　　　　　　　　　　　　　）

2）日常生活や遊びのなかの環境設定

　曲が決まったら、歌唱活動を始める前から、朝の会や自由遊びのときなどの日常生活のなかで保育者が弾き歌いや歌唱をしたり、あるいはCDを流したりして、子どもの心のなかにこれから歌う歌をインプットしていくように環境を整えていくとよいでしょう。また、文字の理解が進む5歳児ごろになれば、歌詞の掲示もよいでしょう。活動に入るころには、「どこかで聞いたことがある素敵な歌だな。自分も歌ってみたい」など、子どもは歌唱への興味や意欲を少しずつ膨らませているはずです。保育者はどのようにその曲を歌いたいか、曲想や自分の曲への思いを込め、その歌を楽しみながら表現できるように準備をしておきます。

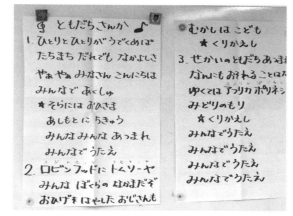

歌詞の掲示

3）導入

　はじめに、なぜこの歌をこれからみんなで歌っていくのか、子どもの日常生活や興味に合わせて**導入**の話をします。次に、どんな生き物が出てくるかなど、聴いて欲しい視点を伝えながら、保育者が曲への思いを込めた**モデル唱**や弾き歌いをします。その後、どんな生き物が出てきたか、どんな感じがしたか、歌の内容をたずねるなど、子どもとコミュニケーションを取りましょう。保育者の描いた絵や図鑑、絵本などの**視覚的教材**を用いて、子どもと歌詞の内容や曲のイメージ化を図ることもよいでしょう。

手描きの絵による導入

　視覚的教材とは、明るさや色彩、形、動きなどを目で見て感じることができる教育的目的のために用いられる素材のことです。初めての曲の歌唱活動の導入として、どのような視覚的教材がよいか、あげてみましょう。

(　　　)

4）展開部

展開部では、曲が短ければ、最後まで保育者の弾き歌いや歌唱でリードしながら子どもに模倣するように促します。もし、曲が長い場合はフレーズごとに同じように歌っていき、最後に全体を通して歌うようにします。その際、歌詞の内容を話したり、個々の子どもの歌う様子を見ながら、個々に声かけをするとよいでしょう。また、場面ごとに歌ってほしい歌い方のモデル唱をすると、子どもの歌へのイメージが広がります。

保育者の弾き歌いによるモデル唱

5）まとめ

まとめでは、「最後まで歌えましたね」など、子どもの活動の過程やよいところを認め、肯定的な声かけをするとよいでしょう。「今後は、こんなことをするよ」や「上手になったら、こんな伴奏で歌うよ」などの話をして、次回の活動への期待や興味をつなげるようにします。また、活動の最後に既習曲を歌うことで、子どもが十分に歌えた満足感を感じられ、次の歌唱へ意欲が高まるでしょう。

Challenge 39

本文を参考に、次の表のカッコを埋めましょう。

初めての曲の歌唱支援のポイント

『春の小川』 ３歳児クラス例

	保育者の具体的な声かけや動き	保育者の援助の流れ
導入	「みんながこれまで聴いてきた『春の小川』を歌うよ」	歌唱活動に入るためのきかっけとなるための（　　　　　）をする
	「どんな花や生き物が出てくるか、お耳を大きくして聴いてね」と促しながら、保育者がモデルとなる弾き歌いをする	子どもが興味をもって聴くことができるように促しながら、保育者の（　　　　　）歌唱をする
	どんな花や生き物が出てきたかをたずねたり、図鑑を見せる	会話や視覚的なもので歌詞の内容を（　　　　　）化させる
展開部	「先生の歌をまねして歌ってみましょう」	フレーズごとに弾き歌いや歌唱でリードしながら、（　　　　　）するよう促す
	「先生の後について最後まで歌ってみましょう」	弾き歌いや歌唱でリードしながら、全体をつなげて歌うよう促す
	「先生のお口を見て歌ってね」「姿勢を整えましょう」などの声かけをする	個々の子どもに合わせた声かけをする
まとめ	「最後まで歌えましたね」と声をかける	子どもたちの歌唱に対して、その過程や（　　　　　）を認め、（　　　　　）を褒めるなどの声かけをする
	「もっと覚えられたら、こんな伴奏で歌うよ」と本伴奏を弾き、興味をもたせる	次回の予告をし、活動への（　　　　　）や（　　　　　）をもたせる
	『友だちになるために』（既習曲）を歌うよう促す	既習曲を歌い、歌唱活動への満足感を味わうよう促す

3 視覚的教材による歌唱活動の導入

　ここで示す視覚的教材とは、手作り紙芝居や絵本、ペープサートなどを示します。これらを用いた導入によって、子どもにその歌をイメージさせて興味をもたせ、歌いたいという気持ちを引きだしていきます。この活動の準備としては、「歌詞をイメージして絵を描き、視覚的教材を作成する」「伴奏なしで歌えるようにする（素歌）」「歌詞の内容をお話仕立てにする」「子どもの日常生活や遊び、歌の内容とが関連性をもった導入の話を考える」「実践的な練習をする」などがあげられます。実践においては、「子どもとのコミュニケーションを取りながら進めること」「話し方や歌い方、顔の表情、手や指などの身体の用い方に気をつけながら、その歌を表現すること」などに留意しましょう。

素歌

伴奏のともなわない声のみの歌唱。

絵本を用いた導入

素歌を歌う保育者

保育者の素歌を興味をもって聴く子ども

Challenge 40

視覚的教材による歌唱の導入の仕方のポイントをあげましょう。これらのポイントに留意して、楽曲例から1曲選び紙芝居を手作りして、歌唱活動の導入をしてみましょう。

［楽曲例］　『アイアイ』
　　　　　『あわてんぼうのサンタクロース』
　　　　　『そうだったらいいのにな』
　　　　　『とんでったバナナ』
　　　　　『森のくまさん』
　　　　　『南の島のハメハメハ大王』

手作り紙芝居「あめふりくまのこ」

（　　　　　　　　　　　　　　　　　　　　　　　　　　　　　　　　　）

4 歌い慣れた時期の歌唱活動

歌唱活動も同じ歌を何度も歌っていくうちに、曲への慣れや子どもの自己表現の勢いが余って、怒鳴り声に近い音楽的でない大声で歌ったりすることがよくあります。また、歌詞に不安がある場合などは、曲が進むにつれて声が小さくなる場合があります。ここでは、そのような歌い慣れた時期の歌唱活動についての支援のポイントを述べます。

1）導入

導入の活動では、これまで歌ってきた歌がどのような歌になったか、これから子どもたち自身がどのように歌を歌いたいか、そのためにはどのようなことに気持ちを向けるとより楽しく歌えるかなどを確認するとよいでしょう。保育者から、「みんなの歌はこんなふうに聴こえるよ」とよいところを話すと意欲が増すでしょう。p.149 の Challenge 41 の 5 歳児クラスの例のように、一度子どもたちの歌っている歌を録画や録音などして、みんなで見たり、聴き合って、自分たちの歌唱について話し合うこともよいでしょう。

2）展開部

展開部の活動では、「こんなふうに歌ってみたい」を実現するために、「行進するみたいに歌おう」など、いくつかのヒントを保育者から投げかけると、子どもも意欲をもって歌唱活動に取り組むことができるでしょう。また、保育者が話をしたり、絵やペープサート、絵本、写真などの視覚的教材を用いることで、曲のイメージをより広げることも大切です。年長クラスであれば、歌詞に着目して、遊び感覚で口の形を変えて母音や子音をはっきり発音することや、歌詞をていねいに発音すること、口の動きを曲のテンポに合わせて少し速く動かすことなどの活動を取り入れることもできるでしょう。そのときには、保育者や子どもによるよいモデル唱や悪いモデル唱を提示することも効果的です。歌う姿勢など、子どもが自分自身の身体に改めて着目するように促すことも大切なことです。

3）まとめ

まとめの活動では、個々の子どもが曲に対する気持ちを込めて歌うよう促し、ピアノに合わせて歌います。ここでは仕上げの歌唱であることを伝え、子どもが意欲的に気持ちよく歌える環境を整えるとよいでしょう。最後によかったところを伝え、これから期待するところを話すと次回の活動への意欲につながるでしょう。

本文を参考に、次の表のカッコを埋めましょう。

歌い慣れた時期の歌唱支援のポイント

『ありがとう・さようなら』(井出隆夫 作詞) 5歳児クラス例

	保育者の援助の流れ	子どもの様子
導入	・「前に撮った歌唱のDVDをみんなで見たり、聴いてみましょう」と話す ・「見たり聴いてみて、どんなところがよかったですか」と投げかける ・「みんな姿勢もよかったし、声もよく出ていてよかったです。でも、もう少し気持ちを込めて歌えるといいですね」と伝え、「この歌はどんなことを歌っているの?どんなふうに歌いたいですか」と投げかける ・「みんなが話してくれたように楽しかったことをたくさん思いだしながら歌いましょう」と話す	・自分たちの歌唱に興味を示す ・最後までみんなで楽しく大きな声で歌えたことを伝え合う ・楽しかったことを思いだしながら歌いたいなどを伝え合う ・「口を開ける」「口を開けてしっかり歌う」と話す
展開部	・「みんなの声は大きくてよかったけれど、少し怒鳴り声になっていましたね」と話し、「(　　　　)ためにはどうしたらいいですか?」と質問し、「どんなふうに?」「そうですね」などと子どもと会話をする ・保育者は自分の口元に指を当てて(　　　　)を開けて見せる ・『ありがとう・さようなら』の歌詞を1つずつ「あ」「り」「が」「と」「う」と(　　　　)と発音することを保育者がモデルとなって見せる「1つずつ(　　　　)に話すと、口の動きも変わるよ」と話す ・1つずつていねいに発音しないと「あいあおう」になってしまうことを伝える ・子音を入れて「り」「が」「と」と発音させながら、「あ」「り」「が」「と」「う」「さ」……と発音しながら(　　　　)を入れた口の開け方のモデルを見せ、(　　　　)をするよう促す ・口をしっかり開けて、1つずつ素早く口の形を変えると歌詞をしっかり発音できることを見せ、まねすることを促す ・口の開け方のよい子をモデルとして、それをまねするよう促す ・「みんなの歌は初めからずっと大きいですか?それともだんだん小さくなってしまいますか?」と質問をする ・保育者が小さくなる話し方を(　　　　)モデルとして出し、声が(　　　　)ならないように歌うことを伝え、歌唱を促す	・保育者の口の開け方を1つずつまねする ・モデルとなる子どもが前に出る。ほかの子どもはその子どものまねをする
まとめ	・(　　　　)をきちんと話して、自分たちの思いを伝えながら歌うように伝えて曲全体を歌うよう促す ・ピアノの弾き歌いをしながら、子どもの歌唱に目を向ける ・「○○ちゃんの声が聞こえませんよ」など、(　　　　)の子どもの声を聴いて声かけをする ・「みなさん、どうでしたか。口が疲れたと思う人?」「今の歌は『ありあとう』でなくて『ありがとう』としっかり発音できていました。今日の歌は、しっかり言葉が聴こえて、どんなことを歌っているかがわかってとてもよかったです。こんなふうに歌いたいというところをみんなで見つけて、もっともっとかっこいい歌にしていきましょう。今日の歌はとってもかっこよかったです」と伝える	・全員で歌う

Column

日本語の特徴　〜母音と子音について〜

　日本語は母音や子音が組み合わさり成り立っています。まず、1つひとつの言葉をしっかり発音するように心がけます。次に、音節の頭につく子音をていねいにはっきり発音することで、歌詞を美しく明確に伝えることができます。

母音： i い　e え　u う　o お　a あ

子音：母音以外の発音

【例】

お　　や　　ま　　　　ふ　　り　　ま　　し　　た
o　y　a　m　a　　　f　u　r　i　m　a　s　i　t　a
母音 子音 母音 子音 母音　　子音 母音 子音 母音 子音 母音 子音 母音 子音 母音

5 歌唱活動における環境

1）物質的環境

　歌唱活動の物質的環境は、以下の通りです。これらを整えることが、楽しい歌唱活動につながります。

- 歌いやすい広さのある空間がよいでしょう。
- 鍵盤楽器（ピアノ、キーボード）は、子どもの歌唱と向き合うような位置がよいでしょう。この環境が整わない場合は、途中で保育者が歌いながら子どもの歌唱の様子を見回りましょう。
- 歌唱活動の伴奏は、曲想に合う楽器（ギター、ウクレレ、鉄琴、ピアニカ、笛など）を用いるとよりよいでしょう。たとえば、『南の島のハメハメハ大王』や『アイアイ』などは、ウクレレなどで伴奏をすると曲のイメージを広げられます。

2）人的環境

　保育者の声は日常生活のなかはもとより、歌唱活動においても、子どもにとっての大切な人的環境の1つであることを前にも述べました。子どもは保育者の発する歌声でその音色を感じ、その歌の歌詞の意味や拍子感、旋律、リズムといったその曲の曲想を感じているのです。このように歌唱活動にとって重要な保育者の声ですが、保育者は小学校の教諭と同じように声のトラブルを抱える人が多く、**保育者の声のトラブル**は職業病といわれるほどです。よって、保育者は自身の声をしっ

かりと管理しなければなりません。図表2-2-5は、保育者の留意しなければならない声のトラブルとその対策です。これらの症状や病名に合わせて対策をし、場合によっては早い段階で専門医の受診をすることが大切になります。

図表 2-2-5　保育者の声のトラブルとその対策

病名（実態）	原因	一般的症状	声帯の症状	対策
・カラオケ歌唱	・狭い空間での喫煙や飲酒をしながらの歌唱 ・歌いすぎ	・声がかすれる ・声帯疲労	・赤く充血し、腫れやむくみが出る	・長時間歌唱しつづけない ・無理な声の使い方を避ける ・飲酒や喫煙をしない ・騒音のなかで声を使わない
・急性喉頭炎*	・声帯疲労	・声がかすれる		○自分の声の使用限度を知る ・声の大きさに配慮する（多数対応時は大きな声、少数対応時は音量を控える） ○声のケアをする ・しゃべらない、十分な睡眠・水分・栄養（ビタミンCなど）の補給 ・部屋を適度な湿度に保つ ・うがい、声帯を温める（睡眠時など、タオルを首に巻く） ○正しい呼吸法と発声法の活用（腹式呼吸と胸式呼吸の併用・身体全体を用いる発声法）
・急性喉頭炎 ・咽頭炎	・風邪・鼻風邪	・鼻声、咳、痰の各症状		
・慢性喉頭炎 ・咽頭炎	・急性喉頭炎が治りきらず慢性化	・軽い声かすれ ・ざらざらした感触	・急性と慢性では見た目で明確な違いはわからない	
・声帯ポリープ ・声帯結節	・長時間使うことなど	・声がかすれる ・音程で音が割れる	・閉じなくなる ・粘膜が腫れて、もち上がる状態	

*小学校の教諭や保育者の職業病

米山文明解説・監修　DVD『声の不思議～美しい声を作るために』音楽之友社, 2007より著者作成

6　子どもの歌唱の実態と保育者の支援

　ここでは、子どもの歌唱についての様々な研究により得られた、いくつかの実態を述べます。

　そしてこれまでに述べたような声域や歌唱の発達、子どもの歌唱の実態を踏まえ、「幼稚園教育要領」や「保育所保育指針」3歳以上児の領域「表現」の内容にある「音楽に親しみ、歌を歌ったり、簡単なリズム楽器を使ったりなどする楽しさを味わう。」(p.133参照)や「保育所保育指針」や「幼保連携型認定こども園教育・保育要領」の1歳以上3歳未満児の内容にある「歌を歌ったり、簡単な手遊びや全身を使う遊びを楽しんだりする。」の各活動を実践するための保育者の支援方法を考えてみます。

1）音程の獲得について

子どもの実態

・伴奏がないときの子どもが歌唱を始める声の高さは、ほぼ1点ニ音～1点ホ音あたりが多いです。
・幼児期における音高の正確さは個人差が大きいです。
・ある程度、正確な音高で歌えるようになるのは、4歳から小学1年生の間が多いです。
・子どもの音高はずれの原因は、音高を理解する能力に関係しています。

保育者の支援方法

・保育者が1人ひとりの子どもの歌唱の様子をしっかり見て、聴いて、実態を把握しましょう。弾き歌いでのリードだけでなく、保育者が素歌で子どものそばに行き、歌声に耳を傾けます。
・問答例のように、「うみぐみさん（保育者）」「はあい（子ども）」など、個々の子どもへの音程

を用いた問答なども1つの方法です。

【問答例】

- 音高を理解する能力を育むためには、歌っている自分の声や友だちの声を聴き合う活動、たとえば交互唱などを取り入れるとよいでしょう。また、リトミックやわらべうた、楽器遊びなどで、音をよく聴く習慣をつけるのもよいでしょう。個々の子どもの声の発達や実態、その時々の状況に合わせた声かけも大切です。

2）歌いにくくなる要因

子どもの実態
- 子どもにとって発声がしにくい言葉や声が出しにくい高音が曲のなかに1つでも入っていると、歌えるはずの音域の部分までもその影響を受けて歌えなくなります。

保育者の支援方法
- 歌唱教材は、子どもの声域に合ったものを選ぶことが大切です。たとえば、図表2-2-6の『かえるの合唱』（ハ長調）は1点ハ音～1点イ音の音域をもつため、イ音～1点イ音の声域をもつ3歳児やイ音～2点ハ音と声域の広がった5歳児にとって声域に合った教材で、子どもにとって無理なく歌える曲といえます。これに比べて、『あわてんぼうのサンタクロース』（ヘ長調）は1点ハ音～2点ニ音の音域から成り立っているため、3、5歳児にとって歌いやすい楽曲とはいえません。また、『おもちゃのチャチャチャ』（ハ長調）は1点ハ音～2点ハ音の音域をもつため、5歳児にとっては歌いやすいですが、3歳児には歌いにくい曲といえます。

図表2-2-6　子どもの声域を踏まえた適切な子どもの歌の例

子どもの歌	音域	3歳児の声域	5歳児の声域	適切さ
『かえるの合唱』	1点ハ音～1点イ音	イ音～1点イ音	イ音～2点ハ音	3、5歳児にとって適切
『あわてんぼうのサンタクロース』	1点ハ音～2点ニ音			3歳児にとって不適切、5歳児にとっても歌いにくい
『おもちゃのチャチャチャ』	1点ハ音～2点ハ音			3歳児にとって不適切、5歳児にとって適切

- 歌唱教材における調（p.41参照）と**音域**の関係を理解しましょう。子どもの歌ではハ長調、ト長調、ヘ長調、ニ長調、変ロ長調がよく用いられますが、変ロ長調、ハ長調、ニ長調、ヘ長調、ト長調の順に音域が高くなっていくことを覚えておきましょう。調号を見ることで、変ロ長調やハ長調、ニ長調の曲であれば低い音域の曲の可能性が高い、ヘ長調やト長調であれば高い音域の曲の可能性が高いと予想されます。このように子どもの年齢ごとの声域と合わせて調性を見ることは、教材選択の助けとなります。

音域

楽器や声、またはある音組織の出せる音の範囲。

子どもの歌でよく用いられる調と主音

変ロ長調

♭シ

ハ長調

ド

ニ長調

レ

ヘ長調

ファ

ト長調

ソ

・子どもの歌には子どもの声域より音域は広いけれど、子どもたちにとって親しみやすく楽しい楽曲がたくさんあります。このような楽曲を扱う場合は、その年齢の子どもの声域と異なる高音域や低音域の部分では無理に声を出さないように声かけをしましょう。また移調奏（p.63参照）により、曲全体を子どもの声域に合わせるような支援もできるとよいでしょう。

3）怒鳴り声になる要因

保育現場の実態

・子どもは「元気な声」と「怒鳴り声」を区別できません。
・保育者が「元気で大きな声で歌いましょう」などと声かけをすることが多くあります。
・子どもの声より大きな音で伴奏を奏でることが多くあります。
・長い楽曲や高音域の音を多く含む楽曲などの教材が多くあります。
・自己主張が強いなどの子どもの特性が見られます。

保育者の支援方法

・「元気で大きな声で歌いましょう」など子どもが誤った理解をしやすい声かけをせずに、まず子どもがどんな声で歌っているか聴きます。怒鳴り声で歌っている場合は、「怪獣さんみたいに怒鳴らないようにしましょう」「もっと優しい声で歌いましょう」など、子どもがイメージできる声かけをしましょう。また、大声ではなく、大きな口を開けてしっかり発音するよう促します。そのほか、

怪獣の絵を用いたよい歌い方の支援

伴奏の音が子どもの歌に比べて大きくなりすぎていないか、教材の選曲についても長さや音域に留意することが重要です。

- クラスに数人いると見られる**嗄声**(させい)の子どもには、大声を出さない、一度に長時間声を出さないなどの配慮をします。さらに、「○○君のお話が聞こえますか？」などの声かけをし、普段から保育者や子ども同士の通常の声が聞き取れるような静かなクラスの環境をつくるよう心がけます。

嗄声

騒々しい環境のなかで怒鳴るような声を用いることで、声帯結節などになった声。

Challenge 42

次の楽曲の音域を調べて、子どもの声域に合う教材選択について理解しましょう。

『むすんでひらいて』

音域は（　　　〜　　　）で、3、5歳児にとって（　適切・不適切　）である。
調号なし＝（　　　）長調

『犬のおまわりさん』

音域は（　　　〜　　　）で、3、5歳にとって音域が広い。よってこの選曲は（　適切・不適切　）である。しかし、子どもの身近な生き物である犬や猫の出てくる親しみやすい楽曲であることから、歌う機会が多い。
よって歌唱の際には、高音部について無理に声を出さないよう支援する必要がある。
調号は（　　　　　）であり、（　　　　　）調である。

3. わらべうた

1 わらべうたが必要とされる社会的背景

現代社会は、技術や速さ、量を追求することで、物質的な豊かさを多く求めている社会であるといえるでしょう。人々はこれらを追及しつづけ、コンピュータに向き合い、忙しさと希薄な人間関係をもつようになりました。このような社会の影響を受け、勤労の担い手として女性の社会進出も多く求められ、惜しみない時間とエネルギーをかけ、心と身体に十分な余裕をもった、ゆったりとしたリズムの子育てが難しい時代となっています。

子育て中の親や大人のなかには、「子どもとどうかかわったらよいのかわからない」「遊び方がわからない」といった子どもとのかかわり方に不安をもった人を多く見かけ、保育現場でも友だちとうまくかかわれない子どもも少なくなく見られます。そこで今、子どもとのかかわりへの不安を解消し、子どもを豊かに育て、育てることを通して親や大人も育つことができる、ゆっくりとした育ちのリズムをもつ社会を取り戻すことが必要ではないでしょうか。子どもにとっても、肌と肌を触れ合わせて、感情を交流し合い、コミュニケーションを豊かにしていくことが大切です。

❷ わらべうたの特徴と意義

2人で『なべなべそこぬけ』を楽しむ

　わらべうた（p.136参照）とは、あや取り、お手玉、おはじき、石けり、絵描き歌、ゴム縄、じゃんけん、しりとり、手合わせ、縄跳び、はねつき、まりつき、鬼遊び、子守唄などの伝承遊びの歌のことをさし、その題材は、美しい四季や豊かな自然、行事、生活、人とのかかわりなど様々です。わらべうたは、子どもが遊びながら歌え、それが自然発生的旋律となって生まれ、それが親から子どもへ、子どもから子どもへと伝えられてきました。よって、その言葉や遊び方、旋律は地方ごとに異なることが多くあります。歌うだけでも楽しい内容ですが、指や手、顔、足などの身体の部位を用いて遊べます。また、ボールや縄跳び、紐、ハンカチなど、日常の身の回りのものを用いて楽しむこともできる遊びです。1人で、親子で、友だちみんなとなど、様々な人数で遊べることも特徴の1つです。

　このような特徴をもつわらべうたには、子どもや大人にとってたくさんの意義があります。「いないいない、ばあー」（『いないいないばあ』）などを親や大人に歌ってもらうことで、子どもは親や大人からのたくさんの愛情を感じ、安心感を得ることができ、信頼関係の構築にもつながることでしょう。「ちょち、ちょち、あわわ」（『ちょちちょちあわわ』）のように身体を寄り添って遊ぶことでスキンシップが取れ、聴いて、見て、触れてなど五感を刺激し合いながらコミュニケーション能力を高めていくことが期待されます。「おやゆび、ねむれ、さしゆびもー」（『おやゆびねむれ』）のように、歌詞が十分にわからない子どもでも日本語の語感を感じ、きれいな日本語の旋律を感じることもできるでしょう。『おおなみこなみ』（縄跳び）のように、遊ぶ順番を待つことや譲り合うことで、協調性や社会性が芽生え、心の育ちにもつながります。さらに、親や大人にとっても、わらべうたのゆったりした旋律や子どもとの触れ合いで心が穏やかになり、子育ての心地よさを感じることでしょう。

みんなで輪になって『なべなべそこぬけ』を楽しむ

3 わらべうたの音楽的特徴と意義

わらべうたの音楽的特徴としては、単調なリズムで、多くは5音を用いた民謡音階（p.51参照）からなる単調なメロディーであることがあげられます。図表2-2-7のように、西洋音楽の作曲方法でつくられた『どんぐりころころ』の曲は、ド・レ・ミ・ファ・ソ・ラ・シの7音から成り立ち、3度、5度、6度と音程が跳躍していることと比べれば、わらべうたがいかに単調であるかがわかると思います。

このような音楽的特徴をもつわらべうたには、音楽的な成長の意味で子どもにとってたくさんの意義があります。まず親や大人に歌ってもらうことで、聴く力を育てます。単調なメロディーであるため、歌い始めの子どもが心地よさを感じながら歌うことができ、歌唱力の育ちにつながります。さらに、楽しく遊ぶなかで、音感覚を育みながら様々な表現力を培っていくことができます。

図表2-2-7　わらべうたと西洋音楽との旋律の比較

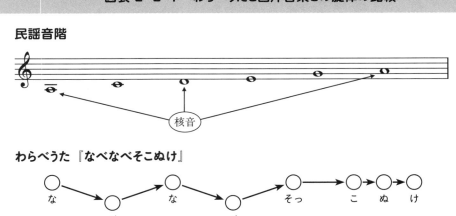

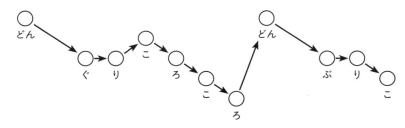

核音と音階

世界の民族音楽において、旋律のなかで主音や終止音としての機能をもつ音であり、旋律の重心となる音。『ことしのぼたん』のように都節音階でできているものや、2つ以上の音階が混ざっているものもある。

4 わらべうたの歌唱と遊び方の支援

わらべうたの歌唱や遊び方を支援するにあたって、以下のような内容に留意することが大切になります。

まず、大人がわらべうたをリードして歌うには、自身の声の高さで自然に歌うとよいでしょう。これにより、歌う表情もやわらかくなり、子どももリラックスして遊びに入れるでしょう。少し慣れてきたら、少し高めにゆっくり歌うように心がけましょう。これによって、子どもの話す力が促進されるとの研究結果が出ています。同じわらべうたを慣れ親しんだ声で、同じ歌い方、遊び方で、繰り返し行いましょう。子どもはどの活動でも繰り返してもらうことが大好きです。何度も繰り返

すことでわらべうたに親しみを感じ、自らの身体で歌や遊びを感じ、「もう1度と」と要求したり、好きな歌の一部を口ずさむようになり、自ら表現するようになっていきます。また、「ここでまた鼻を触ってもらえるかな」などと期待をし、それをしてもらうことで充実感を味わうことになるでしょう。遊ぶときは子どもと目を見合いながら子どもの様子をうかがい、大人も楽しさを共有しながら遊ぶことも大切です。音楽的な育ちだけでなく、そのときの子どもの心身の健康状態に気づくことにもなります。ときには、大人が自分の身体で見本を見せながら楽しさを伝えることもよいでしょう。

Challenge 43

以下に示すわらべうた『おちゃをのみにきてください』を歌い遊んで、わらべうたの特徴や意義、音楽的特徴を調べてみましょう。

おちゃをのみにきてください

遊び方

お茶を飲みに行く人を1人決め、そのほかの人はお茶をいれる人として輪になる。
以下の遊び方で何度かつづける。人数が多いときは、お茶飲み人を2人に増やして遊んでもよい。

①おちゃを のみに きてください	②はい こんにちは
お茶飲み人が輪の中に入り、歌に合わせて左回りに歩く。輪の人は手をつないで右回りに進み、「さい」で全員が止まる。	お茶飲み人と輪の向かい合った人がおじぎをし合い、輪の人がお茶をいれ、お茶飲み人がそれを飲むまねをする。

③いろいろ　おせわになりました	④はい　さようなら
挨拶した2人が歌いながら両手をつないで半回り、内と外と場所を交換する。その間、ほかの人は手拍子をしている。	手を離して、おじぎをし合い、役割を交換する。ほかの人は手拍子をつづける。

❶『おちゃをのみにきてください』でわかった、わらべうたの特徴と意義を書きましょう。

(　　)

❷『おちゃをのみにきてください』の楽譜から、わらべうたの音楽的特徴を確認してみましょう。

音域は、(　　から　　　)で、2音間の音程は(　狭い・広い　)。リズムは(　単調・複雑　)で、曲の長さは(　　)小節で(　短い・長い　)。曲の速さは(　速い・ゆっくり　)です。

❸『おちゃをのみにきてください』でわかった、わらべうたの音楽的意義を書きましょう。

(　　)

Memo

歌唱・声を中心とした表現活動

Chapter 2

Chapter 3

Part 2 保育現場の子どもの音楽的表現

保育現場の音楽的表現活動では、
楽器遊びを中心にした表現活動が盛んに行われています。
ここでは楽器遊びにつながる、音を聴く遊び、ボディパーカッション、
言葉のリズムを用いた遊びなどの支援の仕方について述べます。

楽器遊びを中心にした表現活動

1. 日常の音を聴く遊び

　日常生活のなかで耳にする音で遊んでみましょう。まず、音を採取します。時間を決めて意識的に音を聴いてみると、たくさんの音が耳に入ってくるはずです。たとえば、葉が風に揺れてカサカサと音を響かせていたり、足元は地面と靴がぶつかりザッザッという音を立てたり、犬や鳥などの生き物の鳴き声、工事現場から機械音なども聞こえてくるでしょう。次に聞こえてきた音について考えてみましょう。自然の音、人工的な音、騒音など音の種類を分類することができます。また、話し声や足音など自分が動くことによって生じる音、風や水などの自然物が相互に作用して生じる音、遠くから聞こえる人工音など、その音に由来する感触や匂い、身体に受ける感覚、発音源からの距離感や方向性も連想するでしょう。音は聴覚以外のほかの感覚と相互に作用し、心での感じ方を広げていくのです。このような身の回りの音に耳を澄ませる遊びから、音への興味が育まれます。

【実践例1】サウンドマップづくり（保育現場での遊び）

①順路を決めて、園内に音を探しに行きます。実施するクラスの年齢や園の環境によっては、保育者が音の出るものを仕掛けておいても楽しいでしょう。

②音が聞こえる場所を見つけ、音や音の雰囲気を聴き取ります。保育者は子どもが発見した音に対して、イメージを広げるような声かけをします（擬音、色、温度、オノマトペ、速度など）。

③模造紙に、どんな音がしたか、絵や色、文字などで音のイメージを描きます。折り紙を切り貼りしてもよいでしょう。

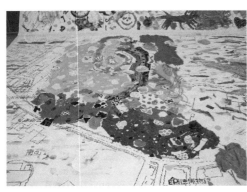

サウンドマップ

④音のイメージを描いた**サウンドマップ**を見て、楽器や音具で表現します。保育者は音の特徴や雰囲気を出せるように、楽器や音具の選択、音の出し方の工夫について援助します。

【実践例2】私たちのサウンドスケープ（音の風景）から効果音へ

①グループで、園内または室内の音を見つけに歩きます。
②採取した音とそのイメージを音の記録表に記録します。
③音のイメージを再現できるような手作り楽器を作ります。または楽器を選択します。日用品を用いてもよいでしょう。
④手作り楽器や選択した楽器の音色を効果音として入れたお話をつくります。または絵本を選択します。
⑤グループ内で役割を分担して、効果音を入れたお話を発表します。

音の記録表

サウンドスケープ（Soundscape 音の風景）

カナダの作曲家マリー・シェーファー（Raymond Murray Schafer, 1933〜　）が提唱した音に対する考え方。「個人、あるいは社会によってどのように知覚され理解されるかに強調点の置かれた音環境」と定義され、音を通じて周囲の環境とどのような関係をもち、どのように意味づけ価値づけているのかを問題とする。サウンドスケープ思想においては、単に耳に入ってくる音の風景ではなく、聴くことによって自らが選び取った音の風景ととらえ、聴く耳をどのように育てるかということが重要となる。このように身の回りの音環境に着目することで、周りの世界に気づき、多様な表現を受け入れる感性を育むものと考えられる。

---

2. 楽器遊びのいろいろ　〜ボディパーカッションと言葉のリズム〜

子どもにいちばん身近な身体を使って、**楽器遊び**をしてみましょう。ドイツの音楽教育家**カール・オルフ**は、誰もがつねにもっているもっとも自然な楽器として、手拍子や膝打ち、足踏み、指鳴らしを位置づけています（p.167参照）。身体全体を打楽器として音を出すことをボディパーカッション（p.81参照）といいますが、楽器や設備がなくても、みんなで楽しむことができます。

【実践例1】身体からどんな音が出るか探してみよう

身体のいろいろなところを叩いて、音を探してみましょう。いくつ探せるか、競争してみてもよいでしょう。同じ手拍子や足拍子も鳴らし方を工夫すると音が変化し、何種類もの音が出せます。頬を叩く音も、口を閉じているとき、口を開けたとき、頬を膨らませたときで音が変化します。

口を閉じたとき　　　　　口を開けたとき　　　　　頬を膨らませたとき

【実践例2】まねっこボディパーカッション

保育者が叩く身体の部位と同じところを子どもが模倣して叩きます。拍子感をもってリズミカルに叩きましょう。子どもが身体でリズムを感じてきたら、動きをつけたり速度を変化させたりし、音楽に合わせて遊んでもよいでしょう。慣れてきたら保育者と役割を交代して、子どもが部位を示して遊ぶのも楽しいでしょう。次の図表2-3-1は、4拍子のまねっこボディパーカッションです。いろいろな表現をつけて、ボディパーカッションを楽しみましょう。

図表2-3-1　まねっこボディパーカッション（4拍子のリズム）

手拍子	肩を両手で叩く	足拍子	腹を両手で叩く
保育者 → 子ども	保育者 → 子ども	保育者 → 子ども	保育者 → 子ども

〈バリエーション〉
・音楽にのせて
・動きをつけて（ジャンプして両足を鳴らす、両手を上に上げて叩く、しゃがんで床を叩くなど）
・速さを変えて
・声の表現やオノマトペを入れて

【実践例3】言葉のリズムで遊ぼう

4拍子にのせて、様々な言葉のリズムで遊んでみましょう。簡単な単語に合わせて手拍子や足踏みをします。子どもは保育者の後につづいて模倣します。言葉の抑揚やリズムを用いてリズムを伝えると、子どもにもわかりやすいでしょう。

慣れてきたら、足踏みで拍子を取りながら、リズムを手拍子で叩きながら唱える遊びにもチャレンジしてみましょう（図表2-3-2）。

図表 2-3-2　言葉のリズム遊び

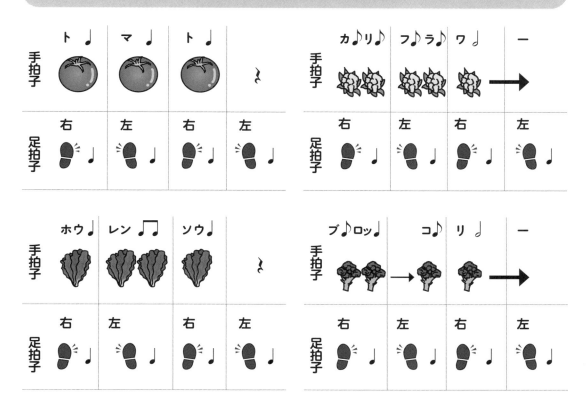

言葉のリズムを使って自分だけの音楽をつくってみましょう。言葉の意味をつなげたり、ストーリー性のあるものにしても楽しいでしょう。完成したら保育者役と子ども役に分かれて、p.162の【実践例2】のまねっこボディパーカッションの要領で遊んでみましょう。

言葉のリズム例

3. 日常の楽器遊びからアンサンブルへ

　日常の保育活動からリズムに親しんでいると、子どものなかに拍子の感覚やリズムの感覚が育っていきます。十分に言葉のリズム遊びを楽しみ、次はアンサンブルの活動へ発展させてみましょう。

【実践例】言葉のリズムでアンサンブル

①2つのグループに分かれ、グループごとに言葉のリズムを決める。
②リズムに応じて叩く部位を決める（手拍子、手拍子と膝打ち、手拍子と足拍子など）。
③グループ全員で、ある程度合わせて叩けるようになるまでリズムを繰り返して叩く。子どもが楽しんでできるよう、叩く場所を変化させたり、動きを加えるなどゲーム性をもって反復し、リズムに親しめるようにする。
④リズミカルに叩けるようになったら、音楽に合わせて叩く。
⑤ボディパーカッションを楽器に変えて器楽合奏を楽しむ。

Point
・器楽合奏に発展させる場合、楽器の奏法を意識して言葉のリズムやボディパーカッションを考えるとよい。
　例：鈴を叩く…………手拍子
　　　鈴のトレモロ奏……両膝を両手で打つ
・楽曲のなかでどちらか片方のグループのみ演奏する場所、両方が演奏する場所などをつくると、変化に富んだアンサンブルになる。その際、色カードや合図などを使って指揮をすることができる。

Memo

『犬のおまわりさん』を用いて、言葉のリズムのアンサンブルを演奏してみましょう。

❶ ねこグループといぬグループに分かれ、グループごとに言葉のリズムで遊びます。
❷ 初めは手拍子だけで、リズムに慣れてきたら身体表現も入れて遊びます。
❸ リズミカルに叩けるようになったら、楽器で演奏します。
❹ お互いの楽器の響きを感じながら、合奏を楽しみましょう。

	ねこグループ	いぬグループ
歌　詞	まいごのまいごのこねこちゃん　あなたのおうちはどこですか	
言葉のリズム	こ　ね　こ	い　ぬ　い　ぬ
身体表現	手拍子	
歌　詞	おうちをきいてもわからない　なまえをきいてもわからない	
言葉のリズム	ニャーン	ワーン
身体表現	相手と両手をつないでスイング	
歌　詞	ニャンニャンニャニャーン　ニャンニャンニャニャーン	
言葉のリズム	ニャンニャンニャニャーン	（休み）
身体表現	手拍子	
歌　詞	ないてばかりいるこねこちゃん	
言葉のリズム	えーん	（休み）
身体表現	顔の前で両手を振り泣いている動作	（休み）
歌　詞	いぬのおまわりさん	
言葉のリズム	（休み）	ワンワンワンワン　ワンワンワーン
身体表現	（休み）	頭の横に手をあて敬礼のポーズ
歌　詞	こまってしまって	
言葉のリズム	ニャン　ニャン	ワン　ワン
身体表現	腕を組んで困ったように首を左右に振る	
歌　詞	ワンワンワワーン　ワンワンワワーン	
言葉のリズム	ニャン　ニャン　ニャン　ニャン	ワンワンワワーン　ワンワンワワーン
身体表現	手拍子	両手で両膝を叩く

犬のおまわりさん

佐藤義美 作詞
大中 恩 作曲
有村さやか 編曲

オルフの音楽教育

　カール・オルフ（Carl Orff, 1895～1982）はドイツの作曲家であり、子どものための「音と動きの教育」を始めた音楽教育家です。彼の提唱した音楽教育は、「音楽」「動き」「言葉（母国語）」を重視し、その音楽体験によって子どもの豊かで自主的な音楽的表現を育んでいく教育方法です。以下に、オルフの音楽教育の特徴を紹介します。

即興的表現

　オルフは子どもの音楽はエレメンタール（根元的）な音楽が理想的だとし、即興的表現を重視しています。音楽の起源である大昔の音楽は、祈りや気持ちをその場で自然に表現しています。このようなエレメンタールな音楽は、言葉や身体表現をともなった音楽であり、子どもの遊びのなかで自然と生まれる音楽的表現にも重なります。そして、オルフは子どもが無理なく即興的な表現をするために　エコー（模倣）→ 問答 → ロンド　の指導方法を示しています。遊びや音楽活動のなかで十分にリズムやメロディーを模倣し、それらを組み合わせて音楽を即興的につくりあげていく方法です。

言葉のリズム

　オルフは言葉（母国語）をリズムや旋律の始まりとし、言葉のもつリズムや抑揚を音素材として生かした音楽活動を示しています。また、ヨーロッパの子どもが最初に歌うわらべうたのリズム・抑揚に由来する短３度（ソーミ）の２音から、五音音階、七音音階を用いたメロディーへと発展させ、教会旋法などの中世の音階を積極的に取り入れた音楽を示しています。

オスティナート

　ある一定の音型やメロディー、リズムを繰り返し反復する様式をオスティナートといい、即興的表現のなかで活用しています。

オルフ楽器

　オルフは子どもが音楽活動で用いるための楽器を考案しており、それらはオルフ楽器と呼ばれています。オルフ木琴やメタロフォンといった音板打楽器が代表としてあげられます（p.120 参照）。また、手拍子や膝打ちといった身体による表現を「楽器」として位置づけ、ほかの打楽器とともに意識的に活用しています。

　オルフの音楽教育の代表的な著作物として、その理念に基づいた楽譜集『オルフ・シュールヴェルク　子どものための音楽』（全５巻）が1954年に出版されています（日本ではショットミュージックより 1984 年に出版）。しかし、オルフの音楽教育には固定的な指導法や教育の方法は示されていません。そのため、活動においてその国の文化や言葉に合わせた柔軟な展開が求められます。オルフの音楽教育は子どもの自己表現を豊かにし、創造的な音楽をつくりあげていくために意義のある教育理念であり、多様な自己表現を楽しみその過程を重視する現在の「幼稚園教育要領」や「保育所保育指針」「幼保連携型認定こども園教育・保育要領」にも通じるものであるといえます。

4. 楽器の取り扱い方と奏法による様々な音色

　多くの幼稚園や保育所で、楽器は大切に扱われています。子どもに楽器やものを大切に扱うことを伝えるのは大事なことですが、大事に管理する余り、発表会の練習など特別なときにしか触れられないようにしてしまっては残念です。室内に打楽器や音の出るおもちゃコーナーを設置したり、木琴や大太鼓などの大型の楽器や民族楽器などの特別な楽器でも期間を決めて自由に触れられる場所を設けたりして、普段から子どもが楽器に親しめるような**音環境づくり**を考えましょう。図表2-3-3は、子どもと楽しみたい楽器の例です。ラテン楽器のアゴゴベルは2か所のベルを交互に叩くと音程の違う「カンコン」という響きが面白い楽器です。同じくラテン楽器のビブラスラップはL字型の柄の部分を持ち、丸いおもりを木の箱に打ち合わせると「ビヨーン」といった音がし、映画やアニメーションの効果音にもよく用いられている楽器です。このようなユニークな音の楽器を取り入れることで、遊びや表現にも広がりが出てきます。

　また、楽器の活動をする際、持ち方や奏法の指導から入ると、楽器を楽しむことよりも正しく演奏することばかりに気が向いてしまいがちです。まずは遊びのなかで楽器を楽しみ、発達に応じて段階的に正しい奏法や持ち方を獲得できるよう工夫することが求められます。その際、楽器の音色や奏法だけでなく、形や材質、感触などを生かした音楽遊びや、子どもが様々な音色が出るよう工夫したくなる活動を提案できるとよいでしょう。たとえば、タンブリンでは同じ打つ奏法でも、指を丸めて打つ、手のひらで打つ、こぶしで打つ、膝やももに打ちつけるなど様々な方法があり、それぞれ音色が異なってきます。そのほかにも、皮をこする、はじく、台において両手で打つ、スティックで打つなど、様々な奏法があります。奏法の工夫によって1つの楽器から様々な音色が出ることを伝え、子どもと一緒にいろいろな音を探して楽しみましょう。

図表 2-3-3　子どもと楽しみたい楽器

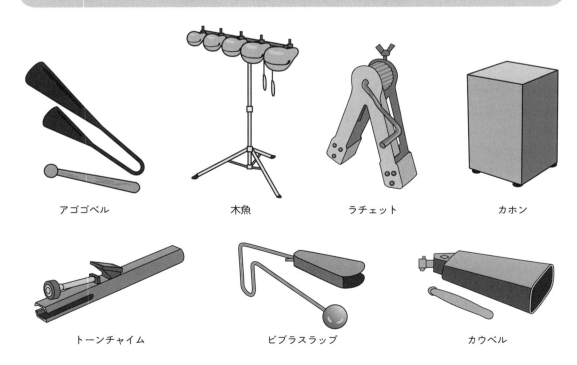

> ・子どもの手の大きさなどを考え、持ち方を強制しないようにする。
> ・正しい持ち方や奏法は、その楽器をいちばん生かした演奏をするためのもの。保育者は正しい持ち方や奏法を知ったうえで、対象となる子どもの実態に配慮して活動を展開する。

【実践例】タンブリンのバスごっこ

①グループに分かれて、電車ごっこの要領で列をつくります。

②バスに乗って遠足に行くこと、先頭は運転手役であることを伝えます。

③先頭の子どもはタンブリンをハンドルに見立てて枠を両手で持ち、音楽に合わせて自由に動きます。

④音楽が止まったら歩くのを止め、運転手役を交代します。

⑤運転手役はタンブリンを鳴らしてからすぐ後ろの子どもへ渡し、運転手役を交代して列のいちばん後ろへ並びます。

⑥音楽が鳴ったら再び出発します。全員の子どもが交代で運転手役ができるまで繰り返します。

5. 保育現場の音・音環境について

　保育現場では日常の保育活動にともなって、実に多くの音が発せられています。保育室の限られた空間で保育者や子どもの声、大勢が活動する音などが響くと、相当な音量のなかで暮らしていることが想像できます。保育室内の音環境の研究をしている志村洋子らによると、朝から夕方までの活動時間帯の平均値は70～90dBという騒々しい街頭や地下鉄の車内と同じ音量で、最大値になると90～100dBという地下鉄の車内や電車のガード下と同じレベルの音量であったという結果が報告されています。長い時間を過ごす**保育室の音環境**が騒音状態である場合、子どもの聴力や心情にも少なからず影響をもたらすことでしょう。子どもにとって快適な空間について考え、音環境に対する配慮と整備は保育者にとって重要なことといえます。

> ・保育者自身も環境として、声の音量に配慮する。
> ・保育のなかで、子どもが耳をすまし、音に注目するような活動を展開する。
> ・普段から楽器に親しめる環境が音に対する興味や感性を伸ばすため、その際も騒音にならないよう環境構成に配慮する。

Chapter 4

Part 2 保育現場の子どもの音楽的表現

保育現場では、音楽的表現の一斉活動が行われています。
保育者が子どもの実態や発達をとらえながら、
育ってほしいねらいを定め、計画したものです。
ここでは音楽遊びの指導計画例を提示しながら、計画作成方法について述べます。

子どもの音楽的表現活動

1. 音楽遊びの指導計画の概要

❶ 指導計画におけるねらいの位置づけ

　保育現場の保育では、「幼稚園教育要領」や「保育所保育指針」、あるいは「幼保連携型認定こども園教育・保育要領」をもとに、幼児期の終わりまでに育ってほしい姿を踏まえ、各園の教育目標や保育目標を決めます。その目標をもとに、教育課程や保育課程を作成し、それらを具体的に実現するために**指導計画**を立てます。長期の指導計画である年間計画には行事などを組み込み、期の計画・月の計画も立てます。その長期の指導計画をもとに、より子どもの育ちに合った短期の指導計画（週案・日案）を立てていきます。週案や日案は、子どもの興味や関心、発達の実態などに合わせて、子どもの育ちにふさわしい**ねらい**を定め、子どもの動きを予測し、内容を決め、環境構成や保育者の援助の方法や配慮を考えます。これらは、遊びを通じて、環境を通して、保育者の援助によって実践されるものです。実践後には、その活動についてねらいと予測した子どもの動きとのズレなどを精査し、ねらいの達成に向けて環境や援助の仕方などを検討しながら、次の日に向けて新たな計画を立てていくことになります。

❷ 子どもの実態を知る

　音楽遊びを子どもたちとやってみたいと思ったら、まず子どもがどんな音や歌、身体の動きに興味があるのか、日々の子どもの生活や遊び、発達の実態を知ることが大切になります。

　たとえば自由遊びの時間に包装用のビニール製気泡緩衝材を指で押して破いて、そこから出てくる音を楽しんでいる子どもがいるとき、保育者が「面白い音だね」とその音の面白さに共感し一緒に遊ぶことで、子どもはその音の面白さを再認識することになるでしょう。保育者がこの光景を音遊びの実態としてとらえ、翌日も遊びが繰り返されることを予測して、気泡緩衝材のほかに新聞紙やビニール袋、空のペットボトルを置くといった環境設定をすることで、新たなものの音への発見が生まれるかもしれま

せん。また、子どもの発見した面白い音をクラスで紹介することで、全体の音遊びにつながることにもなるでしょう。

③ 一斉活動の内容とその指導計画の作成方法

　一斉活動については、友だちと一緒に行う楽しさや、新しい歌や楽器との出会いの場となるなどの意味をしっかり意識しながらも、**日々の遊び**と同様に、遊びを通じて、環境を通して行うことを心がけることが大切です。その際には、一斉活動の内容が個々の子どもの日々の生活や遊びにどうつながるのかを見通しながら行うことも重要となります。つまり、日々の遊びと一斉活動のサイクルのなかで子どもの興味や関心、発達など実態を観察し、指導計画の改善を図っていくことがねらいの達成につながるということです。そのためには、保育者は子どもの感性に共感できるような様々な音や音楽を感じることのできる音楽的感性を伸長していくことが大切です。

　遊びの内容については、人やものとのかかわりを通して、子どもが「楽しい」「面白い」「やってみたい」と思える心が弾む楽しい活動や、「きれいに歌えた」「楽器の音をきれいに出せた」などと思える達成感の感じられる質の高い音楽的表現活動になるよう心がけたいものです。

　「子どもの実態を知る」「ねらいを定める」「活動の内容を考える」など、具体的な指導計画の流れは、以下のChallenge 46 に示しました。よく読んで理解を深めてください。

以下の音楽遊びの指導計画の作成方法をよく読んで理解しましょう。その後、次のページの曲を用いて、表の作成手順に沿ってグループ（または個人）で音楽遊びの指導計画を立ててみましょう。

音楽遊びの指導計画の作成方法

手順	計画する作成内容
1	・子どもの音楽的発達、「保育所保育指針」第2章保育の内容の基本的事項の項により子どもの発達を確認する ・「幼稚園教育要領」領域「表現」の目標、ねらい、内容を確認する
2	・子どもの実態を知る（※ここでは想定する）。何ができるか、何を楽しんでいるか、どんな遊びをしているか
3	・計画に用いる曲、遊びの対象年齢を確認する
4	・子どもの実態に基づいて、遊びのねらいや内容（導入・展開部・まとめ）、環境、用いる楽器や用具、時間配分を考える ※どんな音楽的要素（音色・リズム・速度・強弱フレーズ・音高・曲想など）を用いた遊びにするか考える ※後片づけまでの援助を考える ・子どもの日常の生活や遊びと結びつけ、展開部につなげる話を考えるなど、導入の仕方を考える ・予想される子どもの動きを考える ・予想される子どもの動きに合わせた援助を考える
5	・役割を分担する（①話し手、②モデル、③ピアノ伴奏者、④子どものなかに入る者、など） ・空間や楽器や用具など、環境の設定を行う ・役割に応じた準備をする（①話し手：シナリオを考えて話す練習をする　②モデル：見本を示す練習をする　③ピアノ伴奏者：伴奏の練習をする　④子どものなかに入る者：自分の立ち位置や子どもへの声かけの確認） ・全員でリハーサルをする

保育現場の子どもの音楽的表現

音楽遊びに用いる曲目

曲目	子どもの年齢
『むすんでひらいて』『げんこつやまのたぬきさん』	2歳
『手をたたきましょう』『やきいもグーチーパー』	3歳
『おつかいありさん』『幸せなら手をたたこう』	4歳
『バスごっこ』『たきび』	5歳

2. 年齢ごとの音楽遊びの具体的指導計画作成方法と実践

　ここでは、p.170で学んだ「音楽遊びの指導計画の概要」を踏まえて、子どもの年齢ごとに作成された音楽遊びの指導計画実例を見ていくことで、計画のポイントを学んでいくことにしましょう。

　指導計画の立て方としては、どの年齢の場合も子どもの実態や発達を踏まえて、環境の構成や時間配分、保育者の援助・配慮点、予想される子どもの活動を考慮しながら、導入や展開部、まとめとして活動内容を計画していきます。まず、導入として子どもの実態や興味に合わせた活動のきっかけとなる話を入れるとよいでしょう。その後、展開部をいくつかの内容で活動していきます。最後にまとめとして、活動の感想についての投げかけや保育者の評価の言葉、次回の活動への期待や興味につなげる話などがあると、子どもの意欲を高めるものになるでしょう。

　活動内容にはいくつかの展開を含むと、質の高い子どもの意欲を引きだすものとなるでしょう。また、子どもへ遊び方や表現の仕方を投げかけて子どもの考えを引きだすこと、お互いに表現し合い共感を促すこと、保育者が活動の過程を大切にしながら子どもの表現に共感することなどは、子どもの表現の幅を広げていきます。題材に季節や行事を用いることも子どもにとって楽しい活動になります。絵カードや絵本、紙芝居など、視覚的教材を用いることも活動のイメージを広げることにつながります。用いる音楽は、すでに歌っている既習曲が子どもにとって活動しやすいでしょう。

❶ 低年齢児を対象とした音楽遊びの指導計画実例　〜題材『たなばたさま』

　ここでは低年齢児を対象とした音楽遊びの指導計画実例として、図表2-4-1を見ていきましょう。図表2-4-1で示した音楽遊びは、音色や音出しへの興味といったこの年齢の子どもの実態や発達に着目し、それらを楽しむことをねらいに定めた活動内容になっています。ここで用いる楽器は2歳児にとって扱いやすい卵マラカスです。

　導入では、「音を聴く」音当てクイズをします。

　展開部では、楽器を「見る」、楽器に「触れる」といった五感を用いた活動から始まり、「楽器の音を出す」表現活動になっていきます。教材には季節の行事に関する七夕の笹飾りや絵を用いています。これにより、子どもがそこに出てくる星と卵マラカスの音色を関連させてイメージを広げ、さらに卵マラカスの音色を楽しむことを期待しています。そして楽器活動のまとめとして、『たなばたさま』の曲を用いることで、音楽に合わせて楽器を演奏する楽しさにつなげています。

　最後に全体のまとめとして、今日の活動をみんなで振り返ります。

図表 2-4-1　活動計画例①（楽器活動〜卵マラカスを用いた『たなばたさま』遊び）

〈子どもの実態〉	〈ねらい〉
・いろいろな音色に興味がある ・楽器を扱って音を出すことやリズムに興味をもっている	・いろいろな楽器の音色を感じる ・楽器の音を出すことを楽しむ ・リズムで表現することを楽しむ

	時間	環境構成	予想される子どもの活動	保育者（実習生）の援助・配慮点
導入	5分	音当て用の楽器を机の後ろの見えないところに配置する 隊形：保育者の近くに集まる	○保育者の近くに集まる ・おしゃべりをしたり立っている子どもがいる ・「シー」と言いながら座る子どもがいる ○活動内容を聞く ・じっと保育者を見る ○机の後ろで鳴らす楽器の音色を聴いて楽器名を答える ・前に出ていく子どもがいる ・正解して喜ぶ ・わからない音がある ・保育者からの話を聞く	○保育者の近くに集まるように促す ・静かに座るよう促す ○「みんなは、鈴を鳴らしたりして楽器で遊ぶことが好きですね。今日も楽器で遊びましょう」と楽器遊びで楽しむことを伝える（音当てクイズ・楽器遊び） ○机の後ろで鳴らす楽器や日用品の音色を聴いて、それらの名前を答える音当てクイズをすることを伝える ※楽器や日用品：知っている楽器や新聞紙、台所用品など、面白い音の出るものを3種程度 ・楽器を鳴らして、その音の楽器名を答えるよう促す ・楽器や日用品について、形や使い方などのヒントを出す 音当てクイズを楽しむ ・「みんな、しっかり音を聴くことができたね」などと話をする
展開部	13分	隊形：輪になる 楽器：卵マラカスを人数分 音楽：『たなばたさま』 教材：七夕の笹飾り、またはその絵	○輪になる ・卵マラカスを受け取る ◎目の前の卵マラカスを見る ・どんな形や色か答える ・卵マラカスに触れる ・硬さや手触りの様子を答える ・自由に卵マラカスを鳴らす ・いろいろな出し方で音色を楽しむ ・保育者の合図で1人ずつ音を鳴らし合い、友だちの表現を聴き合う	○大きな輪になって座ることを伝える ・名前を呼びながら卵マラカスを配る ◎各自の卵マラカスを見るよう促す ・どんな形や色かたずねる ・触ってみるように促す ・硬いか、表面がツルツルしているかなどをたずねる ・卵マラカスを鳴らすよう伝える 卵のマラカス遊びを楽しむ ・自由にいろいろな方法（振る・叩く・こする・回すなど音の出し方、上下など音を鳴らす空間、強弱、速さ）で音を出して楽しむよう促す ・1人ずつ音を順番に鳴らし、友だちの表現を聴くよう促す

173

			◎笹飾りを見て、七夕の話を聞く	◎七夕の笹飾り（またはその絵）を見せ、七夕の話をする
			・『たなばたさま』の曲を歌う	・『たなばたさま』の曲を歌うよう声かけする
			・卵マラカスでお星さまを表現する	・卵マラカスで『たなばたさま』のお星さまを表現することを伝える
			・『たなばたさま』の曲に合わせて自由に音を鳴らす	・『たなばたさま』の曲に合わせて自由に音を鳴らすよう促す
			・保育者の話を聞く	・きれいに表現できたことを伝える
			・卵マラカスを保育者へ渡す	・卵マラカスを回収することを伝える
まとめ	2分		○活動したことや楽しかったことについて話す	○「今日はどんな活動をしたか」「どんなことが楽しかったか」をたずねる。明日は七夕飾りを作ることを伝える。飾りを作ったら、またお星さま遊びをすることを伝える

○活動　◎主活動

図表2-4-1の楽器遊びの指導計画に従って、保育者役になって遊びを実践してみましょう。その後、どのような遊びであったか、以下にまとめてみましょう。

音当てクイズ

(　　　　　　　　　　　　)

楽器遊び

(　　　　　　　　　　　　)

❷ 4、5歳児を対象とした音楽遊びの指導計画実例　〜題材『とけいのうた』

　ここでは4、5歳児を対象とした音楽遊びの指導計画実例として、図表2-4-2を見ていきましょう。図表2-4-2で示した音楽遊びは、音色や音出し、リズムなどに興味をもつなどのこの年齢の子どもの実態や発達に着目して、これらを楽しむことをねらいに定めた内容になっています。活動はリズムを基本に、言葉や身体の動きが結びついたオルフの音楽教育を用いた内容です。ここで用いる楽器は、時の記念日に関する時計の音をイメージしたカスタネットや鈴、卵マラカスなどとしています。これらは、この年齢の子どもにとって普段から使い慣れた楽器でもあります。

　導入では、視覚的教材の時計の絵カードにより、「見る」ことからイメージを広げて「時計の音（擬音語）を考える」「声を用いて自分なりの表現をする」「身体を用いて自分なりの表現をする」「友

だちと表現し合う」といった表現活動へと展開します。時計の音は擬音語であり、その面白さを言葉のリズムとして声や身体で表現することになります。

　展開部では、2種の楽器を用いた合奏の活動になっていきます。カスタネットや鈴などの打楽器やいろいろな種類の時計の絵カードを、あらかじめいくつか用意しておきます。まず時計の絵カードを子どもたちに提示し、各グループで時計の絵カードを選んでもらいます。次にこのカードをもとに、各グループで「時計の音を友だちと一緒に考える」「友だちと考えた時計の音に合った楽器を考える」「みんなで一緒に楽器で表現する」といった仲間とともに行う活動に展開していきます。楽器活動のまとめとして、色楽譜や保育者の手の合図を用いて、『とけいのうた』の合奏をします。みんなで一緒に奏でる合奏の楽しさにつながるでしょう。

　最後に全体の活動のまとめとして、今日の活動の振り返りをみんなでします。

覚えておこう！時の記念日6月10日

　時間を尊重し、生活の改善・合理化を進める目的で、1920（大正9）年に制定されました。671年4月25日（太陽暦の6月10日）に天智天皇により初めて水時計が作られたことに由来します。

　時間が存在することで、子どもは「朝ご飯を食べる時間」「幼稚園や保育所に行く時間」「友だちと遊ぶ時間」「給食を食べる時間」「絵を描く時間」など、生活の流れが理解できます。「お友だちや先生と一緒に遊んだり、生活して楽しく過ごせるよう、時間を大切にしましょう！」などと、子どもに声をかけるとよいでしょう。また、時計を製作したり、『とけいのうた』や『おおきなふるどけい』などを歌うなど時間にまつわる活動をすると、楽しいなかにその意味が伝わります。

図表2-4-2　活動計画例②：楽器活動〜言葉のリズムを用いた『とけいのうた』の合奏

〈子どもの実態〉	〈ねらい〉
・いろいろな楽器に興味がある ・時の記念日の説明を受け、時計の制作物を作った ・言葉のリズムを用いた活動の経験がある ・みんなで一緒に活動する喜びを感じている	・いろいろな楽器の音色を合わせることを楽しむ ・絵からイメージを膨らませて、言葉のリズムを様々に表現することを楽しむ ・みんなで一緒に合奏することを楽しむ

時間	環境構成	予想される子どもの活動	保育者（実習生）の援助・配慮点
6分	・隊形：輪になって座る ・教材：いろいろな時計の絵カードを人数分	○輪になって座る ・話をしている子どもや座らない子どもがいる ○活動内容を聞く ・時計の絵カードを受け取る ・活動の仕方を聞く	○輪になって座るよう促す ・静かに座るよう促す ○「昨日は時の記念日でかっこいい時計を作りましたね。今日はみんなで時計の音をつくって、『とけいのうた』の合奏をしてみたいと思います」と活動内容を伝える ・時計の絵カードを1人1枚ずつ配る ・時計の絵カードを見て、その音をイメージして声で表現することを伝える

導入			・手本を見て、イメージを広げる ・1人ずつ順番に時計の音を声で表現し合う ・声で表現してみて、どう感じたかを話す ・次の表現方法を聞く	・手本を見せる ・時計回りに1人ずつ時計の音を声で表現するよう促す ・「みんなの時計の音はどうだったか」をたずねるとともに、いろいろな音を表現できたことを伝える ・声で表現した時計の音に合った身体の表現をすることを伝える
				 時計の音を身体で表現する
			・手本を見る ・声で表現した時計の音を身体で表現し合う ・時計の絵カードを保育者に渡す	・手本を見せる ・身体で表現をするよう促す ・時計の絵カードを回収する
展開部	12分	楽器：鈴、カスタネット、卵マラカスなどを各グループ人数分 音楽：『とけいのうた』 教材：いくつかの時計の絵カード、『とけいのうた』の色楽譜	◎グループで時計の音を考えて、『とけいのうた』の合奏をすることを聞く ・赤・青の2つのグループになる ・自分のグループ名を呼ばれたときに手をあげる	◎グループごとに時計の音を考えて、『とけいのうた』の合奏することを伝える ・赤・青の2つのグループをつくる ・グループ名を言って、自分のグループのときに手をあげるように促す
				 時計の音を考えるグループ活動
			・各グループで好きな時計の絵カードを選ぶ ・各グループで時計の絵カードからイメージした時計の音を考え、声で表現し合う ・感想を聞く ・グループごとに考えた時計の音に合う楽器を選ぶ ・楽器の音を自由に出す ・グループごとに音を出す ・各グループで考えた時計の音を順番に楽器の音で表現し合う ・色楽譜を見て、合奏することの説明を聞く ・色楽譜を見ながら、各グループでリズム打ちをする ・全体で合わせる	・いくつかの時計の絵を提示し、各グループで好きなカードを選ぶよう促す ・各グループで時計の絵カードからイメージする時計の音を考え、声で表現するよう促す ・2つのグループが考えた時計の音について感想を伝える ・いくつかの楽器のなかから、グループごとに考えた時計の音に合った楽器を1つ選ぶように促す ・各グループごとに選んだ楽器を配る ・自由に楽器の音を出すよう促す ・グループごとに音を出すよう促す ・各グループで考えた時計の音を言葉のリズムとして各楽器の音で表現するよう促す ・色楽譜を見せて、合奏することを説明する ・色楽譜と指差しの合図により、各グループでリズム打ちをする ・色楽譜と実践者の声かけにより、全体で合わせることを伝える
				 言葉のリズムを用いて『とけいのうた』を合奏する
			・時計の絵カードを保育者に渡す ・楽器を保育者に渡す	・時計の絵カードを回収する ・楽器を回収する

| | 2分 | | ○活動したことや楽しかったことについて話し合ったり、保育者の話を聞く | ○「今日はどんな活動をしたか」「どんなことが楽しかったか」をたずねるとともに感想を伝える。「今日のように、みんなも遊んでいるときに音をつくって遊んでみてください」と日ごろの遊びにつなげる話をする。次回も楽器遊びをすることを伝える |
|まとめ| | | | |

○活動　◎主活動

Column

絵カードや色楽譜の活用

絵カード

子どもが見ることで、描かれたもののイメージを容易に広げることができます。

例：時計（振り子時計・鳩時計・ストップウォッチなど）
各絵から時計の音をイメージした擬音語や擬態語を声や身体で表現する。

絵カード例

色楽譜

歌詞と色によって、容易に楽器の種類や演奏する箇所を示すことができ、簡単に合奏が楽しめます。

例：『とけいのうた』（筒井敬介 作詞）の合奏

は赤グループ、は青グループ、■は全員で演奏の箇所を示す。各色グループで決めた時計の音（＝言葉のリズム）を叩く。

色楽譜例『大きな栗の木の下で』（イギリス民謡）

コチコチカッチン	おとけいさん	コチコチカッチン	うごいてる
▨	▨	▦	▦
こどもの	はりと	おとなの	はりと
こんにちは	さようなら	コチコチカッチン	さようなら
▨	▦	■	■

ここでの活動は、時計の音（「カチカチカチカチ」や「リーンリーン」）などの言葉のリズムを用いた声や身体の表現から、簡単な合奏につなげていったものです。この考えは、「リズムを基本におき、子どもが自ら音楽をつくり出していくこと」「音だけが単独にあるのではなく、言葉や身体の動きと結びついたもので、時代や民族などを超越し、誰もが参加できる音楽であること」を理想と考えたオルフの音楽教育（p.167 参照）の考えに基づいています。

Challenge 48

図表2-4-2の合奏の指導計画に従って、保育者役になって活動を実践してみましょう。その後、どのような活動だったか、時系列にまとめてみましょう。

①

②

③

④

⑤

❸ 4、5歳児を対象としたリトミックを用いた音楽遊びの指導計画実例

1）フレーズを用いた遊び　〜題材『どんぐりころころ』

　ここでは4、5歳児を対象とした音楽遊びの指導計画実例として、図表2-4-3を見ていきましょう。図表2-4-3で示すリトミックを用いた音楽遊びは、日ごろから**ケンパ遊び**や**手合わせ**を好んで行っているこの年齢の子どもの遊びの実態や発達に着目し、音楽的要素の「フレーズ」を感じながら身体遊びを楽しむことをねらいにしています。活動は、『どんぐりころころ』（青木存義 作詞）の曲を題材に、ボディパーカッション（p.81 参照）や手合わせ、フラフープによるケンパ遊びと身体を用いた遊びに展開していきます。

　導入では、身体の部位から出る音を子どもと一緒に探していきます。2種の身体の部位から出る音を組み合わせて2小節のフレーズを用いたボディパーカッションをつくり、『どんぐりころころ』の曲に合わせて一緒に楽しみます。

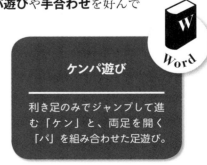

ケンパ遊び

利き足のみでジャンプして進む「ケン」と、両足を開く「パ」を組み合わせた足遊び。

展開部では、2種の手合わせの型を入れた手合わせを子どもと一緒に考えて、『どんぐりころころ』に合わせて楽しみます。そして遊びの最後は、同じパターンを用いたケンパ遊びをフラフープを用いて楽しみます。

最後に全体の活動のまとめとして、今日の活動をみんなで振り返ります。

それぞれの活動には広い空間が必要になります。またフラフープには数に限りがあるので、フラフープでケンパをする子どもと歌を歌いながら手拍子をする子どもの活動が分散することに留意しながら、活動を進めることが大切です。この遊びでは、1人で遊ぶ、2人で遊ぶ、フラフープを用いて遊ぶなどといった、変化に富んだ遊びを展開することができます。

手合わせ

『おちゃらか』や『茶つみ』などのわらべうた遊びのように、2人組になった手拍子や両手合わせ、片手合わせなどを組み合せた遊び。

リトミック

リトミックとは、スイスの作曲家であり音楽教育家であるエミール・ジャック＝ダルクローズ（Émile Jaques-Dalcroze, 1865〜1950）が考案し、実践・普及した教育法をいいます。リズムを基礎としたリトミック教育により内的聴覚を伸長させることで本来もっているべき子どもの音楽的な感覚を目覚めさせ、身体の動きにより発達させ、さらに子どもの音楽的表現を豊かにしていくというものです。

教育目的

・拍や拍子、リズム、音高、フレーズなどの理解や、音楽的な表現力や音楽的感性の育成。
・心に描いたことをすぐ身体で表現できることを理想とした人間形成。
・音や音楽のイメージから個性的な音楽的表現ができること。
・子ども同士や保育者と子ども、親子などのコミュニケーション力の育成。

活動方法

・ソルフェージュ：聴く、歌う、身体の動きにより、音高・旋律・和音などの音の聴取力を高める。
・リズム運動：音色、音楽の拍、拍子、リズム、フレーズを、即座に身体の動きへ変えていく。
・即興演奏：音楽要素を用いて、その場で演奏する。

遊びの支援についての留意点

・いろいろな音楽や楽器の音色や奏法、用具を用い、身体の動き方を融合させて遊びを考える。
・子どもが無理なく興味をもって取り組めるように、段階的に遊びを展開させる。

図表 2-4-3　活動計画例③：リトミック活動～『どんぐりころころ』のフレーズを用いて

〈子どもの実態〉	〈ねらい〉
・ケンパ遊びや身体を動かして表現することに興味がある ・友だちと手合わせで遊んでいる	・友だちと一緒にフレーズを感じて、身体を用いた遊びを楽しむ

	時間	環境構成	予想される子どもの活動	保育者（実習生）の援助・配慮点
導入	5分	音楽：『どんぐりころころ』	○外遊びの際の出来事を話して楽しむ ・「自分はうまくできた」「○○も上手だよ」など口々に話す ○今日の活動の内容を聞く ・おしゃべりをしている子どもがいる ・手を広げてとなりの人とぶつからないように広がる ○身体から音を出す ・表現せずに立っている子どもがいる ・保育者を見て、まねて音を出す ・2つのボディパーカッションを保育者と一緒に選ぶ ・2種を組み合わせて、保育者と一緒にボディパーカッションをつくる ・考えたボディパーカッションをやってみる ・『どんぐりころころ』に合わせて、ボディパーカッションを楽しむ	○「このごろ、みんなケンパ遊びをよくしますね」と活動を思いだすような声かけをする ・子どもが口々に話しだしても慌てず、子どもの反応に応じる ○今日は『どんぐりころころ』の歌に合わせてボディパーカッションや手合わせ、ケンパ遊びをすることを伝え、みんなで音楽遊びを楽しむように働きかける ・おしゃべりに夢中の子どもの名前を呼び、注意を促す ・横に手を広げてとなり同士がぶつからないように広がることを伝える ○身体のいろいろな部位からいろいろな音を出すよう伝える ・子どもからの表現を促しながら、手拍子や足踏み、膝打ちなどをやって見せ、まねするよう促す ・そのなかから、みんなでやってみたい2つのボディパーカッションを選ぶよう促す ・2種を組み合わせたボディパーカッションをみんなでつくるよう促す（「どんぐりころころ・どんぶりこ」までの2小節4拍分のフレーズを用いて） ・一緒にボディパーカッションをするよう促す ・『どんぐりころころ』に合わせて、ボディパーカッションで表現するよう促す ・歌いながらボディパーカッションのモデルを見せ、個々への声かけをする ボディパーカッション （お尻を叩いて音を出す）
展開部	13分	音楽：『どんぐりころころ』	◎手合わせをつくってみたいと答える ・2人組になる ・2人組にならない子どももいる ・手合わせの遊び方をみんなで考える	◎オリジナルの手合わせをつくってみましょうと投げかける ・2人組になるよう促す ・ボディパーカッションと同様に、2種のパターンの手合わせを考えるよう声かけする（「どんぐりこ

180

展開部				ろころ・どんぶりこ」までの2小節4拍分のフレーズを用いて）
			・2人組で手合わせをする ・『どんぐりころころ』に合わせて手合わせをする	・考えた手合わせを2人組でやるよう促す ・『どんぐりころころ』に合わせて手合わせをするよう促す ・歌いながら手合わせのモデルを示し、個々への声かけをする

手合わせを楽しむ

		音楽：『どんぐりころころ 教材：ケンパ用フラフープを13個	◎フラフープでケンパ遊びをすることを聞く ・ケンパ遊びをしたいと話す ・その場でケンパの動きを行う ・保育者の誘導に従い、フラフープの周りに移動して、フラフープを見る ・保育者の指示に従い、1列に並んで待つ ・音楽に合わせて順番にケンパ遊びをする ・待っている子どもは歌いながら手拍子をして、友だちの応援をする	◎フラフープでケンパ遊びをすることを伝える（「どんぐりころころ・どんぶりこ」までの2小節4拍分のフレーズを用いて） ・ケンパの動作をその場でやってみるように声かけする ・子どもをフラフープの周りに誘導して、フラフープをケンパのパターンに並べる ・フラフープのそばに1列に並んで待つように話す ・『どんぐりころころ』に合わせて、並んでいる順番にケンパ遊びをするよう促す ・待っている子どもは歌いながら手拍子をして、友だちの応援をするよう伝える

フラフープで
ケンパ遊びを楽しむ

まとめ	2分		○遊びの感想を話したり、手合わせの仕草をする子どもがいる	○「今日の遊びは楽しかったですか」など遊びを振り返り、「普段の遊びのときも知っている歌で遊びを考えてみようね」と日常の遊びへつながるように声かけをする

○活動　　◎主活動

Challenge 49

図表2-4-3の音楽的要素「フレーズ」を用いたリトミック活動を理解して、各遊びを実践してみましょう。『どんぐりころころ』（青木存義 作詞）の曲の「どんぐりころころ・どんぶりこ」の2小節4拍のフレーズに「どん・ぐり・ころ・ころ／どん・ぶり・こ・●」と各半拍ずつボディパーカッションや手合わせ、ケンかパを入れていき、遊びをつくっていきます。そして、つくった遊びを音楽に合わせて繰り返して楽しみます。

Challenge 50

図表2-4-3のリトミックを用いた音楽遊びの指導計画に従って、保育者役になって活動を実践してみましょう。その後、どのような活動だったか、遊び方ごとにまとめてみましょう。

❶ボディパーカッション
　例：足・膝・足・膝・足・足・足・休符

（　　　　　　　　　　　　　　　　　　　　　　　　　　　　　　　）

❷手合わせ

（　　　　　　　　　　　　　　　　　　　　　　　　　　　　　　　）

❸フラフープを用いたケンパ遊び

（　　　　　　　　　　　　　　　　　　　　）

2）拍子を用いた遊び

　ここでは４、５歳児を対象とした音楽遊びの指導計画実例として、図表2-4-4を見ていきましょう。図表2-4-4に示したリトミックを用いた音楽遊びは、身体を動かすことや友だちと一緒に遊ぶことが好き、ルール性のある遊びができるといった子どもの実態や発達に着目して、音楽的要素の「拍子」（p.27参照）を感じながら身体表現を楽しむことをねらいに定めた内容になっています。各拍子の曲を題材に曲と動きをリンクさせたルールによって、集団で身体を動かす遊びに展開していきます。

　導入では、『幸せなら手をたたこう』の曲に合わせてスキップを楽しみます。

　展開部では、手合わせの型やどんな乗り物で動くかなどを子どもと一緒に考え、そこから生まれた表現を大切にしていきます。そのなかで、スキップのリズムが多く入った曲や2拍子の曲、さらに3拍子、4拍子の曲と、各拍子の曲に対してルールを加えていく音楽ゲームのような活動が展開していきます。

　最後に活動のまとめとして、今日の活動をみんなで振り返ります。

　この活動には各拍子の音楽を迅速に変えて弾くことが求められるため、保育者は前もってそれらの曲のピアノ練習が必要になります。また全身を用いる活動であるため、机や椅子を前もって片づけておくなどの環境づくりが必要となります。

図表 2-4-4　活動計画例④：リトミック活動〜拍子を感じて

〈子どもの実態〉 ・音楽に合わせて身体を動かすことを好む ・友だちみんなで一緒に遊ぶことを楽しんでいる ・ルール性のある遊びをする			〈ねらい〉 ・音楽の拍子を感じて身体を動かすことを楽しむ ・仲間と一緒に表現することを楽しむ
時間	環境構成	予想される子どもの活動	保育者（実習生）の援助・配慮点
5分	音楽：『幸せなら手をたたこう』（スキップのリズムを用いたもの）	○日ごろの遊びの際の出来事を話して楽しむ ・「踊るの、大好き」など口々に話す ○今日の活動の内容を聞く ・おしゃべりをしている子どもがいる ・手を広げてとなりの人とぶつからないように広がる	○「このごろ、みんなで音楽に合わせてダンスしていることが多いですね」と日ごろの遊びの様子を話す ・子どもが口々に話しだしても慌てず、子どもの反応に応じる ○「今日は音楽に合わせていろいろな動きをする遊びをします」と伝え、みんなで音楽遊びを楽しむように働きかける ・おしゃべりに夢中の子どもの名前を呼び、注意を促す ・横に手を広げてとなり同士がぶつからないように広がることを伝える

183

			○モデルを見ながら、その場でスキップをする ・スキップが難しい子どもがいる ・音楽に合わせてスキップする ・『幸せなら手をたたこう』に合わせてスキップをする	○モデルを見せながら、その場でスキップの動きを促す ・スキップが難しい子どもの近くでモデルを見せ、一緒に行う ・『幸せなら手をたたこう』の音楽に合わせてスキップをするよう促す
展開部	13分	音楽:『幸せなら手をたたこう』(スキップのリズムを用いたもの)、『チューリップ』(近藤宮子作詞)(2拍子)、『うみ』(3拍子)、『バスごっこ』(4拍子)	◎音楽に合わせていろいろな身体表現を楽しむ ○2人組をつくる ・みんなで手合わせを考える ・2人組になって、『チューリップ』に合わせて手合わせをして楽しむ ○音楽を聴き分けて、スキップか手合せをする ○3人組をつくる ・モデルを見ながら3人組で舟漕ぎをする ・『うみ』の音楽に合わせて3人組で舟漕ぎをする ○3つの曲を聴き分けて、各組になってそれぞれの動きを楽しむ ○4人組をつくる ・つくりたい乗り物を答える ・みんなで決めた乗り物になって4人組で動く ・『バスごっこ』の音楽に合わせて4人組で乗り物になって動く ○4曲を聴き分けて、各組になってそれぞれの動きをする	◎音楽に合わせていろいろな身体表現をする ○2人組になるよう伝え、その援助をする ・『チューリップ』の曲の「さいた」(2拍子)に合う手合わせをみんなでつくることを促す ・『チューリップ』に合わせて手合わせをするよう促す ○『幸せなら手をたたこう』か『チューリップ』の音楽かを聴き分けて、スキップか手合わせをするゲームをすることを伝える ・音楽を歌いながら子どもの動きの援助をする ○3人組をつくるよう伝え、その援助をする ・モデルを見せながら、2人で舟をつくり、1人はその中に入るよう促す ・モデルを見せながら3人で舟漕ぎをするよう促す ・『うみ』(3拍子)に合わせて3人で舟漕ぎをするよう促す ○『幸せなら手をたたこう』『チューリップ』『うみ』の3つの曲を聴き分けて、それぞれの動きをするよう促す ○4人組になるよう伝え、その援助をする ・「どんな乗り物をつくって走らせたいか」を聞く ・みんなで好きな乗り物を1つ決め、各グループでその乗り物になって動くよう促す ・その際、1拍子めを前の人の肩を叩くよう(いちばん前の人は手拍子を1回)、モデルを見せながら促す ・『バスごっこ』(4拍子)に合わせて動くよう促す ○『バスごっこ』を加えた4曲の音楽を聴き分けて、それぞれの動きをするよう促す
まとめ	2分		○遊びの感想を話したり、手合せの仕草をする子どもがいる	○「今日の遊びは楽しかったですか」など遊びを振り返り、「次回もいろいろな音楽で遊びましょう」と次回への期待を促す

○活動　◎主活動

　図表2-4-4の音楽的要素「拍子」を用いたリトミック活動を理解して、各遊びを実践してみましょう。

　2拍子の『チューリップ』や3拍子の『うみ』、4拍子の『バスごっこ』の各曲の拍子に合わせて、2人、3人、4人で身体の動かし方を決めます。これをもとに2、3、4の各拍子の曲を聴き分けて、各曲に合った動きをしていくという音楽ゲームのような活動を楽しみます。

遊び方例　　手拍子 🖐　　両手合わせ 🙏

『チューリップ』 （4分の2拍子） ：2人で手合わせ	1 さい 🖐	2 た 🙏		
『うみ』 （4分の3拍子） ：3人で舟漕ぎ	1 う	2 み	3 は	

舟漕ぎの2人と舟の中に入る1人で、一漕ぎする。次の3拍で反対側に一漕ぎする

『バスごっこ』 （4分の4拍子） ：4人で乗り物をつくって動く	1 おお	2 がた	3 バス	4 に

4人1組で、音楽に合わせてみんなで決めた乗り物になって動く。
1拍めは前の人の肩を1回叩く（いちばん前の人は手拍子を1回する）

Challenge 52

図表2-4-4のリトミックを用いた音楽遊びの指導計画に従って、保育者役になって活動を実践してみましょう。その後、どのような活動だったか、以下にまとめてみましょう。

遊び方
2、3、4拍子や音を感じて、即時反応で動く。

『幸せなら手をたたこう』
（　　　　　）拍子：（　　　　　　）する。

『チューリップ』
（　　　　　）拍子：2人組になって手合わせ（手拍子）。
手合わせのパターンは（　　　　　　　　　　　　）。

『うみ』
3拍子：3人組（1人は中）で（　　　　　　　　　　）をする。

『バスごっこ』
4拍子：4人組で（　　　　　）になり、1拍めは（　　　　　　　）動きをしながら、音楽に合わせて進む。

部分実習指導計画

主な活動 【　　　　　　　　　　　　　　　　　　　　】

実施年月日　　　　　　　　年　　　　月　　　　日　　　曜日

想定する対象児　　　　　歳児　　　　名（男　　　　名、女　　　　名）

＜子どもの実態＞	＜ねらい＞		
時間	環境構成	予想される子どもの活動	保育者（実習生）の援助・配慮点

Memo

Memo

引用・参考文献

Part 1

Chapter 1

- 幼稚園教員養成研究会編著『スイスイわかる幼稚園教員採用 実技試験』一ツ橋書店,2015
- 近喰晴子監修『保育士実技試験完全攻略』成美堂出版,2015
- 東元りか・望月たけ美「保育者養成校における音楽科授業の試み ～コード付の学習を通して～」『小田原短期大学研究紀要第46号』小田原短期大学,2016,pp.51-61
- 小林美実監修『表現 幼児音楽2 保育者の音楽的基礎技能と基礎知識』保育出版社,1994
- 柴田一史・浅野武・藤本逸子・日比みすず・辻本健市・阿部恩『音楽理論と伴奏づけ』建帛社,1987
- 阿部直美『CD付き 0～5歳児の楽しくふれあう！わらべうたあそび120』ナツメ社,2015
- 山崎正嗣（山崎正）・望月たけ美『初等教育課程のための鍵盤ハーモニー入門』篠原印刷出版部,2013
- 初等科音楽教育研究会編『最新 初等科 音楽教育法』音楽之友社,2011
- 三善晃ほか『中学音楽Ⅰ 音楽のおくりもの』教育出版,2012
- 菊本哲也『新しい音楽通論』全音楽譜出版社,1975
- 岩宮眞一郎『図解入門 最新 音楽の科学がよくわかる本』秀和システム,2012
- 教育音楽研究会編著『わかりやすい音楽理論』東京音楽書院,1996
- 菊池有恒『楽典：音楽家を志す人のための』音楽之友社,1979
- 教育出版編集局編『Music Navigation 音楽史・楽典・ノート』教育出版,2013
- 坂口博樹編著『CDで聴く 一冊でわかる楽典』成美堂出版,2009
- 青島広志『究極の楽典』全音楽譜出版社,2009
- 福井幾編著『学生のやさしい楽典』協楽社,1976
- 皆川達夫・倉田喜弘監修『詳説 総合音楽史年表』教育芸術社,2003
- 田村和紀夫・鳴海史生『音楽史17の視座』音楽之友社,1998
- 片桐功・須貝静直・岸啓子・久保田慶一・長野俊樹・白石美雪・高橋美都・三浦裕子・茂手木潔子・塚原康子・楢崎洋子『はじめての音楽史』音楽之友社,1996
- D. J. グラウト『西洋音楽史（上）』服部幸三・戸口幸策訳,音楽之友社,1969
- 供田武嘉津『最新 学生の音楽通論』音楽之友社,1997
- 福井昭史『よくわかる日本音楽基礎講座 雅楽から民謡まで』音楽之友社,2006
- 鈴木恵津子・冨田英也監修・編著『改訂 ポケットいっぱいのうた 実践 子どものうた 簡単に弾ける144選』教育芸術社,2011
- 堀内敬三・井上武士編『日本唱歌集』岩波書店,1958

Chapter 2

- 米山文明『声と日本人』平凡社,1998
- 米山文明『声の呼吸法』平凡社,2003
- 米山文明解説・監修 DVD『声の発育～美しい声を育てるために～』音楽之友社,2008
- 米山文明解説・監修 DVD『声の不思議～美しい声を作るために～』音楽之友社,2007
- 今泉明美「保育者養成校での音楽技能「声楽」の授業の取り組みへの一考察」『小田原女子短期大学紀要第39号』小田原短期大学,2009,pp.25-44
- 山田俊之『ボディパーカッション入門』音楽之友社,2000
- 山ちゃんのボディパ！（5）音がずれても心地いい！5万人で一体感を味わおう http://www.meijitosho.co.jp/sp/eduzine/bodyp/?id=20120826（2017年1月10日閲覧）
- 全国大学音楽教育学会編『幼児音楽教育ハンドブック』音楽之友社,2001

Chapter 3

- 堀内敬三ほか編『音楽辞典』音楽之友社,1975
- 久保田慶一編『キーワード150音楽通論』アルテスパブリッシング,2009
- 井口太編著『新・幼児の音楽教育』朝日出版社,2014
- たしまみちを編著『初心者のクラシック・ギター基礎教本』自由現代社,2010

Chapter | 4 |

- 井口太編著『新・幼児の音楽教育』朝日出版社,2014
- 細田淳子『わくわく音遊びでかんたん発表会』鈴木出版,2006
- 高倉秋子・奥村美恵子編著『こどもといっしょにたのしく打楽器』共同音楽出版社,2000
- 木許隆・高倉秋子・高橋一行・三縄公一『保育者のためのリズム遊び』音楽之友社,2007

Part ❷

Chapter | 1 |

- 厚生労働省編『保育所保育指針解説書』フレーベル館,2008
- 湯汲英史・小倉尚子・一松麻実子編著『保育に役立つ発達過程別の援助法：保育所保育指針対応』
  日本文化科学社,2009
- 梅本堯夫『子どもと音楽』東京大学出版会,1999
- 小西行郎・遠藤利彦編『赤ちゃん学を学ぶ人のために』世界思想社,2012
- 井口太編著『新・幼児の音楽教育』朝日出版社,2014
- キース・スワンウィック『音楽と心と教育』野波健彦ほか訳,音楽之友社,1992
- 平田智久・小林紀子・砂上史子編『最新保育講座11 保育内容「表現」』ミネルヴァ書房,2010
- 米山文明解説・監修　DVD『声の発育〜美しい声を育てるために〜』音楽之友社,2008
- 木村鈴代編著『たのしい子どものうたあそび〜現場で活かせる保育実践』同文書院,2011
- 石井玲子編著『実践しながら学ぶ子どもの音楽表現』保育出版社,2012
- 小林満ほか編著『保育学生・保育者のための子どもの音楽』教育芸術社,2006
- 高御堂愛子ほか編著『幼稚園教諭・保育士をめざす 楽しい音楽表現』圭文社,2009
- 神原雅之・鈴木恵津子編著『幼稚園教諭・保育士養成課程 幼児のための音楽教育』教育芸術社,2010
- 今泉明美・有村さやか「実習現場における音楽表現活動の現状についての一考察」
  『小田原女子短期大学紀要第37号』小田原短期大学,2007,pp.117-131
- 文部科学省「幼稚園教育要領」2017
- 厚生労働省「保育所保育指針」2017
- 内閣府「幼保連携型認定こども園教育・保育要領」2017
- 民秋言ほか編著『幼稚園教育要領・保育所保育指針・幼保連携型認定こども園教育・保育要領の成立と変遷』萌文書林,2017
- 吉富功修・三村真弓編著『幼児の音楽教育法 美しい歌声をめざして』ふくろう出版,2015

Chapter | 2 |

- 文部省音楽取調掛編纂『小学唱歌集　初編』文部省,1881
- 文部省音楽取調掛編纂『小学唱歌集　第二編』文部省,1883
- 文部省音楽取調掛編纂『小学唱歌集　第三編』文部省,1884
- 西條八十『現代童謡講話　新しき童謡の作り方』新潮社,1924,p.10
- 文部科学省『小学校学習指導要領解説 音楽編』教育芸術社,2008
- 岸辺成雄ほか編『音楽大事典』平凡社,1983
- 音楽之友社編『新訂 標準音楽辞典 第2版』音楽之友社,2008
- 文部科学省「幼稚園教育要領」2017
- 文部科学省「小学校学習指導要領」2017
- 文部科学省「小学校学習指導要領解説音楽編」2017
- 文部科学省「資料3　幼児教育部会とりまとめ（たたき台案）別紙」
  http://www.mext.go.jp/b_menu/shingi/chukyo/chukyo3/057/siryo/attach/__icsFiles/afieldfile/
  2016/05/06/1370317_01.pdf（b2）（2017年6月20日閲覧）

- 羽根田真弓「幼児の集団歌唱にみられる「どなり声」の実態（2）—ピアノ伴奏との関連—」
  『日本音楽教育学会第39回大会研究発表』日本音楽教育学会,2008
- 虫明眞紗子「学校教育における児童期の発声について」『日本声楽発声学会誌第30号』日本声楽発声学会,2002
- 米山文明「平成15年夏季研修～学校教育における発声指導の現状の報告」
  『日本声楽発声学会誌第31号』日本声楽発声学会,2003
- 米山文明解説・監修 DVD『声の発育～美しい声を育てるために～』音楽之友社,2008
- 米山文明解説・監修 DVD『声の不思議～美しい声を作るために～』音楽之友社,2007
- 井口太編著『新・幼児の音楽教育』朝日出版社,2014
- 木村鈴代編著『たのしい子どものうたあそび～現場で活かせる保育実践』同文書院,2011
- 小林満ほか編著『保育学生・保育者のための子どもの音楽』教育芸術社,2006
- 高御堂愛子ほか編著『幼稚園教諭・保育士をめざす 楽しい音楽表現』圭文社,2009
- 神原雅之・鈴木恵津子編著『幼稚園教諭・保育士養成課程 幼児のための音楽教育』教育芸術社,2010
- 今泉明美・有村さやか「実習現場における音楽表現活動の現状についての一考察」
  『小田原女子短期大学紀要第37号』小田原短期大学,2007,pp.117-131
- 細田淳子編著『子どもに伝えたいわらべうた手合わせ遊び子守うた』鈴木出版,2009
- 細田淳子『わくわく音遊びでかんたん発表会』鈴木出版,2006
- 汐見稔幸監修 DVD『映像で見る0・1・2歳のふれあいうた あそびうた やさしさを育む88の関わり』
  エイデル研究所,2007
- 今泉明美・有村さやか・小川晃・小澤佑子「子育て支援における音楽表現遊びの実践についての一考察」
  『小田原短期大学研究紀要第42号』小田原短期大学,2012,pp.8-20

Chapter │ 3 │

- 井口太編著『新・幼児の音楽教育』朝日出版社,2014
- 細田淳子『わくわく音遊びでかんたん発表会』鈴木出版,2006
- 平田智久・小林紀子・砂上史子編『最新保育講座11 保育内容「表現」』ミネルヴァ書房,2010
- R.マリー・シェーファー『サウンド・エデュケーション』鳥越けい子ほか訳,春秋社,1998
- 吉田収・有村さやか「保育者養成における表現の教育についての一考察 ～「五感を使った表現」の授業の試み～」
  を通して」『小田原短期大学研究紀要第41号』小田原短期大学,2011,pp.49-57
- 志村洋子・藤井弘義・奥泉敦司・甲斐正夫・汐見稔幸「保育室内の音環境を考える(2)：音環境が聴力に及ぼす影響」
  『埼玉大学紀要 教育学部Vol.63,No.1』埼玉大学,2014,pp.59-74
- 星野圭朗『オルフ・シュールベルク理論とその実際：日本語を出発点として』全音楽譜出版社,1979
- 日本オルフ音楽教育研究会『オルフ・シュールヴェルクの研究と実践』朝日出版社,2015

Chapter │ 4 │

- 鈴木恵津子・冨田英也監修・編著『ポケットいっぱいのうた 実用 幼児・児童の歌 簡単に弾ける144選』教育芸術社,2008
- 板野平監修,神原雅之・野上俊之編著『ダルクローズ教育法によるリトミックコーナー』チャイルド本社,1987
- 石丸由理・輪嶋直幸・吉田紀子『ステップ・アップ・リトミック』ドレミ楽譜出版社,2012
- 細田淳子『わくわく音遊びでかんたん発表会』鈴木出版,2006
- 井口太編著『新・幼児の音楽教育』朝日出版社,2014
- 木村鈴代編著『たのしい子どものうたあそび～現場で活かせる保育実践』同文書院,2011
- 小林満ほか編著『保育学生・保育者のための子どもの音楽』教育芸術社,2006
- 高御堂愛子ほか編著『幼稚園教諭・保育士をめざす 楽しい音楽表現』圭文社,2009
- 神原雅之・鈴木恵津子編著『幼稚園教諭・保育士養成課程 幼児のための音楽教育』教育芸術社,2010
- 星山麻木編著『ユニバーサルデザインの音楽表現』萌文書林,2015
- 平田智久・小林紀子・砂上史子編著『最新保育講座11 保育内容「表現」』ミネルヴァ書房,2010
- 全国大学音楽教育学会編『幼児音楽教育ハンドブック』音楽之友社,2001
- 文部科学省「幼稚園教育要領」2017
- 厚生労働省「保育所保育指針」2017
- 内閣府「幼保連携型認定こども園教育・保育要領」2017
- 民秋言ほか編著『幼稚園教育要領・保育所保育指針・幼保連携型認定こども園教育・保育要領の成立と変遷』萌文書林,2017

さくいん

ページが連続する場合、初出ページのみ掲示しています。

Page

ア

	Page
アクセント	69, 71
アゴゴベル	168
アップライトピアノ	86
アルト記号	5
アルペジオ	72
アンサンブル	81, 164
移旋	64
一部形式	17, 79
移調	63
一斉活動	131, 171
異名同音	12
色楽譜	177
ヴァイオリン記号	5
歌う	128, 141
歌づくり	83
ウナ・コルダ	92
運動発達	126
嬰記号（♯、Sharp）	10
嬰種記号	11
絵カード	177
応用形式	20
オクターブ	4
オクターブ記号	4
オスティナート	167
音	2
音環境づくり	168
オノマトペ	81
オルフ楽器	120, 167
オルフの音楽教育	167, 174, 177
音域	152
音階	41, 121
音楽	2
音楽遊び	170
音楽遊びの指導計画	170
音楽的な表現	124
音楽的表現の発達	127
音色	3, 113, 115, 117
音程	33
音波	2
音板打楽器	120, 167
音符	23
音部記号	5, 8
音名	9

カ

	Page
開放弦	108
カウベル	110, 168
歌曲形式	17

Page

	Page
核音	136, 156
楽譜	3, 7
歌唱活動における環境	150
歌唱の意義	141
歌唱の姿勢	76
歌唱の発達	129
カスタネット	110, 115, 174
加線	4
下属調	47
カデンツ	56
楽器遊び	161
楽曲の形式（楽曲形式）	16, 79
括弧記号	14
カノン	22, 142
カホン	168
幹音	9, 35
感性	ii
完全音程系グループ	36
間奏	94
カール・オルフ	161, 167
記音	120
擬音語	81, 85, 175
聴く力	126
偽終止	56
擬声語	81
擬態語	81, 85
ギター	107
基本形	60
気鳴楽器	112
強起	31
休符	8, 24
胸式呼吸	76
強弱記号	8, 68, 80
強拍	28
共鳴器官	76
近親調	46
グランドピアノ	86
グリッサンド	72, 96
グロッケンシュピール	111, 120
言語発達（言語の発達）	126, 129
減三和音	54
減七の和音	59
ケンバ遊び	178
高音部記号	5
効果楽器	112
後奏	94
五音音階	50, 136, 167
呼吸器官	76
五線	4
五線譜	3, 7
5度圏	48
言葉のリズム	83, 162, 175
子どもの歌	136
子どもの発達	125

192

	Page			Page
根音	53, 57, 62	旋律的短音階		45
コーダ記号	15	セーニョ・マーク		14
コード・コードネーム (ピアノ・ギター)	9, 53, 98, 109	増三和音		54
		装飾音符		71
		総譜		6
		属七の和音		59
		属調		47
		速度標語 (速度記号)		8, 67, 80

サ

	Page
サウンドスケープ	161
サウンドマップ	160
嗄声	154
サブドミナント	42, 54
三部形式	19
三和音	53, 101
子音	150
視覚的教材	145, 147, 172, 174, 177
自然的短音階	45
実音	120
実践力	ii
指導計画	131, 170
シフトペダル (ソフトペダル)	91
社会性の発達	126
弱起	31
弱拍	28
重嬰記号 (✕、Double-sharp)	10
終止記号	14
終止線	13
縦線	13
重変記号 (♭♭、Double-flat)	10, 12
主題	21
主要三和音	55, 60, 99, 102
順次進行	34, 100, 103
唱歌	137, 141
小楽節	17
小節	13, 28
小節線	13, 16
シロフォン	111, 120
身体の解放	76, 143
身体発達	126
人的環境	150
素歌	147
スコア	6
鈴	116, 174
スタッカティッシモ	71, 89
スタッカート	70, 89, 96
スラー	70, 95
スワンウィック	127
声域	129, 152
声域の発達	129
全音	35
全音階	41, 50
全終止	56
前奏	94
旋律的音程	33

タ

	Page
タイ	12, 71
大楽節	17
大括弧	6, 8
大譜表	6
体鳴楽器	110
ダ・カーポ記号	14
打鍵 (タッチ)	89
卵マラカス	172
ダル・セーニョ記号	14
短音階	44, 55, 59
単音程	34
短三和音	54
単純音符	24
単純休符	24
単純拍子	29
ダンパーペダル	91
タンブリン	111, 113, 168
中音部記号	5
中強拍	28
チューニング (調弦)	108
長音階	41, 54, 59
調号	10, 43, 63, 99
長三和音	54
長・短音程系グループ	36
跳躍進行	34, 100, 103
手合わせ	137, 178
低音部記号	5
テトラコード	41, 50
テヌート	71
テノール記号	5
転回形	60, 101, 104
展開部 (音楽的表現活動指導計画)	
	146, 148, 171, 179, 183
転調	47, 66
電鳴楽器	112
動機	16
同主調	47

	Page
ソステヌートペダル	91
即興遊び	97
即興的表現	167
ソナタ形式	22

193

Page

導入（音楽的表現活動指導計画） ………………
　　　　　　145, 171, 178, 180, 183
童謡 ………………………………………… 139
ト音記号 ………………………………………… 5
特殊拍子 ………………………………………… 31
トニック ……………………………………… 42, 54
ドミナント …………………………………… 42, 54
トライアングル ……………………………… 110, 118
トリル ………………………………………… 9, 71
トレ・コルデ …………………………………… 92
トレモロ奏・トレモロ ……………… 9, 117, 121, 164
トーンチャイム ……………………………… 168

ナ

日常の音 ……………………………………… 160
二部形式 …………………………………… 18, 79
ねらい（音楽的表現活動指導計画） ………… 170

ハ

ハ音記号 ………………………………………… 5
拍 ……………………………………………… 27
バス記号 ………………………………………… 5
派生音 ………………………………………… 11
発音原理 ……………………………………… 110
発声器官 ……………………………………… 76
発声のしくみ …………………………………… 76
発想記号（発想標語） ………………………… 8, 69
半音 …………………………………………… 35
半音階 ………………………………………… 50
半終止 ………………………………………… 56
伴奏楽器 ……………………………………… 94
反復記号 ……………………………………… 14
パート譜 ………………………………………… 6
ピアノ ………………………………………… 86
ピアノ奏法 …………………………………… 87
日々の遊び …………………………………… 171
ビブラスラップ ……………………………… 168
ビブラフォン ………………………………… 120
拍子 ……………………………………… 27, 78, 183
拍子記号 ……………………………………… 8, 28
ビート ………………………………………… 27
フィーネ ……………………………………… 14
フェルマータ ………………………………… 14, 71
不協和音 ……………………………………… 97
舞曲 …………………………………………… 22
複音程 ………………………………………… 34
複合三部形式 ………………………………… 21
複合二部形式 ………………………………… 21

Page

複合拍子 ……………………………………… 31
腹式呼吸 ……………………………………… 76
複縦線 ………………………………………… 14
複付点音符 …………………………………… 25
複付点休符 …………………………………… 25
付点 …………………………………………… 23
付点音符 ……………………………………… 24
付点休符 ……………………………………… 24
物質的環境 ………………………………… 150
符頭 …………………………………………… 23
符尾 …………………………………………… 23
譜表 …………………………………………… 6, 8
フレーズ …………………………………… 14, 178
平行調 ………………………………………… 46
ヘ音記号 ………………………………………… 5
ペダルの機能 ………………………………… 91
ヘルツ …………………………………………… 2
変化記号 …………………………………… 10, 23
変格終止 ……………………………………… 56
変記号（♭、Flat） …………………………… 10
変種記号 ……………………………………… 11
変奏曲 ………………………………………… 21
変拍子 ………………………………………… 31
保育室の音環境 …………………………… 169
保育者の声のトラブル …………………… 150
保育所保育指針 …………………… 132, 151, 170
ボイスアンサンブル ……………………… 81
ボイスパーカッション …………………… 81
母音 ………………………………………… 77, 143, 150
ボディパーカッション …………… 81, 161, 178
本位記号（♮、Natural） …………………… 10

マ

膜鳴楽器 …………………………………… 111
マザリーズ ………………………………… 126
まとめ（音楽的表現活動指導計画） ………
　　　146, 148, 171, 174, 177, 179, 181, 183
マルカート ………………………………… 71, 90
マリンバ …………………………………… 120
マレット …………………………………… 121
都節音階 ………………………………… 51, 156
民謡音階 ………………………………… 51, 156
メゾ・スタッカート ……………………… 71, 89
木魚 ………………………………………… 168
モティーフ ………………………………… 16
モデル唱 ………………………………… 145, 148
文部省唱歌 ……………………………… 138

Page

ヤ

指番号（ギター） …………………………… 108
指番号（ピアノ） …………………………… 92
幼稚園教育要領 ………………… 132, 151, 170
幼保連携型認定こども園教育・保育要領 …… 132, 151, 170
ヨナ抜き音階 ……………………………… 51, 138

ラ

ラチェット ………………………………… 168
リズム …………… 28, 80, 83, 162, 174, 179, 183
リズム譜 ……………………………………… 7
律音階 ……………………………………… 51
リトミック ………………………………… 178
琉球音階 …………………………………… 51
領域「表現」 ……………………… 132, 151, 171
臨時記号 ……………………………… 10, 38, 64
輪唱 ………………………………………… 22, 142
リーディング・トーン ……………………… 42
レガート …………………………………… 70, 89
連桁 …………………………………………… 23
ロンド ……………………………………… 21, 167
ロール奏法 ………………………………… 114

ワ

和音 ………………………………………… 53
和声的音程 ………………………………… 33
和声的短音階 ……………………………… 45
わらべうた ……………………………… 136, 154

著者紹介

編著者

今泉明美
（いまいずみあけみ）

小田原短期大学保育学科 教授

Part 1	Chapter 2	1~5
Part 2	Chapter 1 2 4	6・8・9 2・3

● おもな学歴
武蔵野音楽大学音楽学部声楽学科卒業。東京学芸大学大学院教育研究科修士課程音楽教育専攻声楽講座修了。教育学修士。ウエストミンスタークワイヤー大学（米国）留学（声楽、ピアノパフォーマンス）

● 専門領域
声楽・保育養成における歌唱教育・感性教育。保育現場における音楽表現活動、研修の在り方。子どもの音楽的表現活動

● おもな活動
声楽家。小田原短期大学乳幼児研究所研究員。同研究所内幼児教室講師。フースラーの発声理論による歌唱指導や国内外でのコンサート活動。長年の童謡コンサート活動による童謡の普及に貢献。地域の保育現場や保育者研修の各音楽表現の各講師を務める。主著：『保育のためのやさしい子どもの歌』（共編著）ミネルヴァ書房,2023、『保育の計画と評価』（共著）萌文書林,2018ほか

有村さやか
（ありむら）

小田原短期大学保育学科 教授

Part 1	Chapter 3	5 4
Part 2	Chapter 1 3	4・5・7

● おもな学歴
東京学芸大学大学院教育学研究科修士課程音楽教育専攻作曲講座修了。教育学修士

● 専門領域
作曲表現。保育者養成における音楽表現の教育。地域子育て支援における音楽表現活動

● おもな活動
作曲家。小田原短期大学乳幼児研究所研究員。日本オルフ音楽教育研究会運営委員。作曲家として国内および海外の音楽祭にて作曲作品の発表を行う。また地域の保育現場や現任保育者の研修などにて音楽表現の各講師を務める。主著：『保育のためのやさしい子どもの歌』（共編著）ミネルヴァ書房,2023ほか

望月たけ美
（もちづきみ）

常葉大学教育学部 准教授

Part 1	Chapter 1	

● おもな学歴
武蔵野音楽大学大学院音楽研究科修士課程作曲専攻修了。芸術修士

● 専門領域
作曲、編曲、音楽理論、ソルフェージュ、ピアノ指導法、感性を育む音楽遊び、音楽劇など創造的音楽活動に視点をあて研究を行う

● おもな活動
作曲家。ピアニスト。小田原短期大学乳幼児研究所研究員。同乳幼児研究所付属幼児教室音楽担当講師。幼稚園教諭免許状更新講習講師。カワイ音楽コンクール審査委員。教育現場における合奏・合唱曲の作曲や編曲、子どものためのピアノ曲など数多く作曲。文化庁舞台芸術創作奨励特別賞オペラ作曲部門第1位受賞。主著：『子どものうた 85』1～3巻（共著）共同音楽出版社,2017、『保育の計画と評価』（共著）萌文書林,2018、『絶対弾きたい！さわやかクラシック』（共著）カワイ出版,2020ほか多数

著者

宮川萬寿美
みやかわますみ

小田原短期大学保育学科 特任教授

Part 2 | Chapter 1 | 1~3

●おもな学歴

お茶の水女子大学大学院家政学研究科児童学専攻修士課程修了。家政学修士

●専門領域

保育の発達臨床・児童学

●おもな活動

臨床発達心理士。小田原短期大学乳幼児研究所所長。地域の幼稚園・保育所・幼保連携型認定こども園などでの保育巡回相談・研修を行う。地域の伝統文化などを生かした保育内容研究を行う。主著:『生活事例から始める保育内容総論』青踏社,2014、『保育する力』ミネルヴァ書房,2017、『保育の計画と評価』(編著)萌文書林,2018ほか

東元りか
ひがしもと

埼玉学園大学人間学部子ども発達学科 特任准教授

Part 1 | Chapter 2 | 6
　　　　　　　　　3 | 1~4

Part 2 | Chapter 2 | 1

●おもな学歴

お茶の水女子大学大学院博士前期課程人間文化研究科人文学専攻音楽表現修了。同大学院博士後期課程人間文化研究科比較社会文化学専攻単位取得満期退学。人文科学修士

●専門領域

保育唱歌。日本の音楽と保育との関わり。地域の伝統文化と音楽。ピアノ伴奏法とその実践。ピアノ演奏指導法

●おもな活動

ピアニスト。小田原短期大学乳幼児研究所研究員。ソロ、室内楽、声楽のピアノ伴奏として演奏活動を行う。乳幼児研究所付属幼児教室、保育現場・子育てひろば・子ども向けプログラムなどにおける音楽的な遊びの各講師を務める。主著:『保育の計画と評価』(共著)萌文書林,2018

高地誠子
こうちせいこ

東京未来大学こども心理学部 准教授

Part 1 | Chapter 3 | 1~3

●おもな学歴

武蔵野音楽大学大学院音楽研究科修士課程器楽専攻(ピアノ)修了。芸術修士

●専門領域

ピアノ演奏。幼児のピアノ導入教育。保育者養成における音楽表現教育、ピアノ実技教育。幼児から大人までのピアノ演奏指導

●おもな活動

ピアニスト。ピアノ指導者。クラウス・ルンツェのメソッドを用いた幼児のピアノ導入教育を実践研究し、学会発表や講演を行う。国内外で多数のコンサート活動を行う。主著:『部分実習指導案集』(共著)萌文書林,2018、『アクティブラーニング対応 乳児保育II』(共著)萌文書林,2019、『表現指導法』(共著)萌文書林,2020、『保育のためのやさしい子どもの歌』(共著)ミネルヴァ書房,2023

幼稚園教諭・保育士養成課程

子どものための音楽表現技術
― 感性と実践力豊かな保育者へ ―

2017年3月25日	初 版第1刷発行	協力	松林こころえん
2018年1月11日	第2版第1刷		こどもの森グループ茅ヶ崎こども園
2022年4月 1日	第2版第6刷		小田原短期大学保育学科卒業生
2023年4月 1日	第3版第1刷	カバーデザイン	尾崎行欧(oigds)
2024年4月 1日	第3版第2刷	カバーイラスト	福田玲子
		フォーマットデザイン	尾崎行欧
編著者	今泉明美		粒木まりえ
	有村さやか		野口なつは
発行者	服部直人		(oigds)
発行所	株式会社 萌文書林	イラストレーション	〈人物〉福田玲子
	〒113-0021 東京都文京区本駒込6-15-11		〈楽器〉本田美祈子(株式会社MCS)
	Tel 03-3943-0576	DTP・楽譜浄書・校閲	株式会社MCS
	Fax 03-3943-0567		
	https://www.houbun.com		
	info@houbun.com		
印刷	中央精版印刷 株式会社		

● 乱丁・落丁本はお取り替えいたします。
● 定価はカバーに表示してあります。

日本音楽著作権協会(出)許諾第1701753-409号
©Akemi Imaizumi,Sayaka Arimura 2017,Printed in Japan
ISBN978-4-89347-246-5